KB195008

CNB
801
목회서신에 관한 체계적 주해
성경신학 관점의 신학적 해설

목회서신주해

- 디모데전후서, 디도서 -

황 원 하

2014년

교회와성경

지은이 | 황원하

- 고신대학교 신학과(B.A.)
- 고려신학대학원(M.Div.)
- University of Pretoria(Th.M., Ph.D., 신약학 전공)
- 고신대학교, 고려신학대학원 외래교수 역임
- 현재, 대구 산성교회 담임목사로 재직 중

저서
- The theological role of signs in the Gospel of John (Saarbrucken: VDM Verlag Dr. Müller, 2008)
- 「40일간의 성경여행」(공저, SFC, 2009)
- 「설교자를 위한 마가복음 주해」(CLC, 2009)
- 「요한문헌 개론」(역서, CLC, 2011)
- 「요한복음 해설노트」(SFC, 2011)
- 그밖에 다수의 연구논문

목회서신주해

CNB 801

목회서신주해

A Commentary on the Pastoral Epistles
by Wonha Hwang

Copyright ⓒ 2014 by Wonha Hwang
Published by the Church & Bible Publishing House

초판 인쇄 | 2014년 3월 11일
초판 발행 | 2014년 3월 15일

발행처 | 교회와성경
주소 | 평택시 특구로 43번길 90 (서정동)
전화 | 031-662-4742
등록번호 | 제2012-03호
등록일자 | 2012년 7월 12일

발행인 | 문민규
지은이 | 황원하
편집주간 | 송영찬
편집 | 신명기
디자인 | 조혜진

총판 | (주) 비전북출판유통
주소 | 경기도 고양시 일산구 장항동 568-17호 (우) 411-834
전화 | 031-907-3927(대) 팩스 031-905-3927

저작권자 ⓒ 2014 황원하

값은 표지에 있습니다.
파손된 책은 구입처나 출판사에서 교환해 드립니다.
ISBN 89-98322-06-9 93230

Printed in Seoul of Korea

CNB카페 | http://cafe.daum.net/C.N.B.(교회와 성경)

목회서신주해

A Commentary on the Pastoral Epistles

2014년

교회와성경

CNB 시리즈
서 문

CNB The Church and The Bible 시리즈는 개혁신앙의 교회관과 성경신학적 구속사 해석에 근거한 신·구약 성경 연구 시리즈이다.

이 시리즈는 보다 정확한 성경 본문 해석을 바탕으로 역사적 개혁 교회의 면모를 조명하고 우리 시대의 교회가 마땅히 추구해야 할 방향을 제시함으로써 교회의 삶과 문화를 창달하는 것을 그 목적으로 하고 있다.

따라서 이 시리즈는 진지하게 성경을 연구하며 본문이 제시하는 메시지에 충실하고 있다. 그렇다고 이 시리즈가 다분히 학문적이거나 또는 적용이라는 의미에 국한되지 않는다. 학구적인 자세는 변함 없지만 궁극적으로 하나님의 나라를 지향함에 있어 개혁주의 교회관을 분명히 하기 위해 보다 더 관심을 가진다는 의미이다.

본 시리즈의 집필자들은 이미 신·구약 계시로써 말씀하셨던 하나님께서 지금도 말씀하고 계시며, 몸된 교회의 머리이자 영원한 왕이신 그리스도께서 지금도 통치하시며, 태초부터 모든 성도들을 부르시어 복음으로 성장하게 하시는 성령께서 지금도 구원 사역을 성취하심으로써 창세로부터 종말에 이르기까지 거룩한 나라로서 교회가 여전히 존재하고 있음을 그 무엇보다도 중요하게 여기고 있다.

아무쪼록 이 시리즈를 통해 계시에 근거한 바른 교회관과 성경관을 가지고 이 땅에 진정한 그리스도인의 삶과 문화가 확장되기를 바라는 바이다.

시리즈 편집인

김영철 목사, 미문(美聞)교회 목사, Th.M.
송영찬 목사, 기독교개혁신보 편집국장, M.Div.
오광만 목사, 대한신학대학원대학교 교수, Ph.D.
이광호 목사, 실로암교회 목사, Ph.D.

머 리 말

목회서신은 디모데전서, 디모데후서, 그리고 디도서를 일컫는다. 이 서신들의 수신자들인 디모데와 디도는 바울의 영적인 아들이었으며 지역 교회를 맡아 일하는 젊은 목회자였다. 바울은 그들에게 서신을 보내어 목회자의 자질이 어떠해야 하는지, 교회를 어떻게 돌보아야 하는지, 교회 안에 있는 거짓 교사들을 어떻게 처리해야 하는지 등을 가르치고자 하였다. 따라서 우리가 이 서신들을 진지하게 읽으면 목회에 대한 지혜와 지침을 배울 수 있다.

오늘날 인본주의적인 사고방식에 젖어서 인간적이고 세속적인 방식으로 목회하는 사람들이 많다. 그들은 실용주의적 결과주의에 빠져서 눈에 보이는 가시적인 성과를 중시한다. 우리는 그러한 생각이 얼마나 위험한 것인지를 알아야 한다. 필시 목회서신에 담겨있는 가르침들을 연구하여 목회현장에 실제적으로 적용한다면 교회는 하나님이 기뻐하시는 모습으로 변해갈 것이다. 나는 목회서신이 교회를 변화시킬 수 있다는 믿음을 가지고 이 책을 저술하였다.

나는 서신들을 해석하면서 헬라어 본문을 면밀히 분석하였고, 당시의 사회-문화적 상황을 충분히 검토하였으며, 바울과 그의 제자들이 처해 있는 형편을 세심하게 고려하였다. 그리하여 바울이 원래 말하고자 한 뜻을 밝히 드러내고자 최선을 다하였다. 나는 독자들이 꼭 알아야 한다고 생각되는 것들을 서술하였고 지나치게 복잡한 해설이나 소모적이고 불필요한 논쟁은 지양하여 이 서신들을 연구하려는 분들에게 실질적인 도움이 되게 하였다.

이 책의 출판을 흔쾌히 허락해 주신 CNB 출판위원회와 편집을 담당해 주신 직원들에게 감사한다. 언제나 나의 포근한 안식처가 되어 주는 사랑하는 아내 김숙경과 귀여운 아들 현준이에게 고맙다는 말을 전한다. 내가 목회하는 산성교회 성도들의 사랑과 배려와 기도에 깊이 감사한다. 이 책을 사랑하는 산성교회 모든 성도들에게 바친다. 삼위 하나님께 영광을 돌린다.

2014년 3월
황 원 하

차 례

목회서신 서론

목회서신 서론

1. 목회서신

신약성경에는 바울이 쓴 편지가 13편 있다.[1] 바울의 편지들은 분류하기 나름이지만 일반적으로 '주요서신'(Main Epistles: 롬, 고전, 고후, 갈), '옥중서신'(Prison Epistles: 엡, 빌, 골, 몬), '종말론적 서신'(Eschatological Epistles: 살전, 살후), 그리고 '목회서신'(Pastoral Epistles: 딤전, 딤후, 딛)으로 나뉜다. 바울의 편지들은 대부분 교회에 보내졌는데, 한 교회에만 보내진 것이 아니라 여러 교회들이 회람하도록 의도되었다. 하지만 일부 서신은 개인에게 보내졌으며 그의 청중들이 함께 읽도록 의도되었다. 목회서신은 후자에 속한다.

지금까지 알려진 바에 따르면 '목회서신'이라는 이름은 버돗(D.N. Berdot, 1703년)과 안톤(P. Anton, 1726년)이 대중화시켰다. 이들은 어떻게 목회해야 하는지에 대한 교훈들이 이 서신들에 담겨 있다고 생각하여 이런 명칭을 붙였다. 물론 목회서신이라는 명칭이 이 서신들의 성격을 포괄하는 것은 아니다. 이는 목회서신이라고 해서 반드시 목회에 대해서만 언급한

---

1) 만일 히브리서를 바울의 편지로 간주할 경우에 바울의 편지는 14편이 된다. 그러나 히브리서가 바울의 편지인지 아닌지는 학계에서 아직 해결되지 않은 과제이다.

것이 아니며 목회서신이 아니라고 해서 목회에 대한 교훈이 없는 것이 아
니기 때문이다. 하지만 이 명칭은 이 서신들의 일반적인 성격과 목적에 부
합하며 따라서 사용하기에 그리 무리가 없다.

바울은 생애의 마지막을 로마에서 보낸 것으로 알려져 있다(참고. '기록연
대'). 그는 디모데전서와 디도서를 비교적 자유로운 환경에서, 그리고 디모
데후서를 감옥에서 죽음을 기다리면서 기록하였다. 서신들의 내용을 비교
해 보면 디모데전서와 디도서가 비슷하고 디모데후서는 약간 다르다. 그
러나 대체로 세 서신들은 기록목적, 저자의 상황, 수신자들의 상황, 신학적
인 사상 등에 있어서 유사하다. 특히 이 서신들을 통하여 당시 교회에 대
해서 가름할 수 있다. 목회서신에 반영된 교회는 원시적인 모임이 아니라
예전과 체계와 규율을 갖춘 질서정연한 조직체이다.

2. 저자

목회서신은 한결같이 서신의 서두에 바울을 저자라고 밝힌다.[2] 이에 따라
목회서신의 바울 저작설은 광범위하게 받아들여졌고 이견이 거의 없었다.

> 딤전 1:1: 그리스도 예수의 사도 된 바울은
>> (Paul, an apostle of Christ Jesus)
> 딤후 1:1: 그리스도 예수의 사도 된 바울은
>> (Paul, an apostle of Christ Jesus)

---

2) 목회서신의 저자 문제에 대한 포괄적이고 학문적인 논의를 위하여, Donald Guthrie,
The Pastoral Epistles: An Introduction and Commentary, Tyndale New Testament commentaries,
Leicester: IVP, 1984(reprinted edition), 12-52를 보라. Guthrie는 이 책에서 고대에 바울 저작설
이 받아들여진 배경(12-15), 19세기 이후에 바울 저작설이 부인된 과정(15-16), 목회서신
의 역사성에 대한 논의들(16-23), 바울이 활동하던 시기와 목회서신에 반영된 교회의 상
황 비교(23-32), 그리고 목회서신의 저작설에 대한 해결책(48-52) 등을 상세하게 다룬다.

딛 1:1: 하나님의 종이요 예수 그리스도의 사도인 나 바울이
(Paul, a servant of God and an apostle of Jesus Christ)

그러나 19세기에 들어서면서 목회서신의 바울 저작설을 부인하는 학자들이 생겨났다.[3] 그들은 바울이 그의 다른 서신들에서 자주 사용한 용어들과 표현들이 목회서신에 별로 나오지 않거나 다른 용도로 사용되고 있는 점에 주목하였다.[4] 그리고 바울의 신학적 입장과 그 자신에 대한 묘사에 있어서 그의 다른 서신들과 목회서신에 차이가 있다고 보았다. 또한 바울 시대의 교회 제도가 이 서신들에서 발견되는 것만큼 발전되지 않았다고 생각하였다. 그리하여 그들은 주후 1세기 말이나 2세기 초에 누군가가 바울의 이름을 도용하여 이 편지들을 기록했다고 주장하였다.[5] 이로 인하여 오늘날 많은 비평학자들이 바울 저작설을 부인하는 실정이다.[6]

하지만 바울의 다른 서신들과 목회서신 사이에 용어와 표현의 차이를 제기할 수 있는 경우는 그리 많지 않다. 겨우 몇 개의 문장이나 단어들을 가지고 이러한 주장을 펴는 것은 통계학적인 가치를 가지지 못한다. 그리고 바울이 활동하던 시대에 교회는 이미 목회서신에서 발견되는 직분(장로와 집사)과 체계를 갖추고 있었다. 바울의 제1차 전도여행 중에 이미 장로가

---

3) 목회서신의 바울 저작설을 부인하는 데 시발점이 된 학자는 Schleiermacher였다. 그의 책 *Über den sogenannten ersten Brief des Paulus an Timotheus: Ein kritisches Sendschreiben an J.C. Gass*, Berlin, 1807에서 그는 디모데전서의 수신자가 디모데라는 견해를 부정하였다. 이후 1830년대에 이르러 바울의 서신들 전체에 대한 바울 저작설 의심이 유행하게 되었다.

4) John Stott, *The Message of 1 Timothy & Titus*, Leicester: IVP, 1996, 김현희 역, 서울: IVP, 1998, 24-26을 보라.

5) M. Davies는 이러한 이론(pseudonymous writing)을 지지하는 대표적인 학자이다. M. Davies, *The Pastoral Epistles*, Sheffield Academic Press, 1996을 보라.

6) Benjamin Fiore, S. J., *The Pastoral Epistles: First Timothy, Second Timothy, Titus*, Sacra Pagina 12, Collegeville, Minnesota: Liturgical Press, 2007, 5.

있었으며(참고. 행 14:21-23), 빌립보 교회에는 감독과 집사가 세워져 있었기 때문이다(참고. 빌 1:1). 더욱이 당시에 유명인의 이름을 도용하여 편지를 보내는 관행이 있었던 것은 사실로 보이지만, 개인적인 서신에서는 그러한 관행이 일반적이지 않았으며, 게다가 초대교회가 그러한 편지들 받기를 거부한 것을 고려할 때(참고. 살후 2:2), 이 편지에 바울의 이름이 도용되었다고 단정할 수는 없다.[7]

3. 기록연대

목회서신의 기록연대는 바울 저작설과 밀접하게 연관되어 있다. 즉 이 서신들을 바울이 썼느냐 아니면 후대의 사람들이 썼느냐에 따라 기록연대가 달라진다. 이 책에서는 바울 저작설을 인정하면서 기록연대를 논하고자 한다. 하지만 이 서신들의 기록연대를 파악하는 데 있어서 가장 큰 어려움은 이 서신들을 사도행전 어딘가에 배치할 만한 여지가 보이지 않는다는 점이다. 실로 사도행전과 목회서신의 내용들을 비교분석해 볼 때 바울이 디모데와 디도를 각각 에베소와 그레데에 남겨두고 온 시점이 명확하지 않다. 그리고 목회서신에 기록된 바울의 행적들도 사도행전의 기사와 완전한 조화를 이루지 못한다. 따라서 이 서신들의 기록연대는 사도행전 28장 이후일 가능성이 있다.[8]

---

7) 이에 대하여, *Muratorian Canon* 64-67과 Eusebius, *Eccl. Hist.* 6.12.3 등을 참고하라.

8) Jacob van Bruggen은 디모데전서와 디도서를 제3차 전도여행 때 기록된 것으로 보고, 디모데후서를 사도행전 28장에 나와 있는 로마에서의 수감 때 기록된 것으로 본다. 그의 주장에 일리가 없는 것은 아니지만 그가 주장을 전개하면서 지나치게 많은 추정들을 했고 여전히 풀리지 않은 과제들을 남겨두었기 때문에 그의 견해를 옳은 견해로 채택하기가 쉽지 않다. 물론 유세비우스의 견해에 근거하여 목회서신의 기록연대를 산출하는 것도 정확하다고 할 수는 없다. 따라서 목회서신의 정확한 기록연대를 확정하기란 어렵다. 이 책에서는 많은 학자들의 견해를 따라 목회서신이 사도행전 28장 이후에 기록된 것으로 보지만 기록연대가 본문해석에 결정적인 영향을 미치지는 않는다. 참고. J. van Bruggen, *Die geschichtliche Einordnung der Pastoralbriefe*, Wuppertal: R. Brockhaus Verlag, 1981.

초기 기독교 역사가인 유세비우스에 따르면(*Hist. Eccl.* 2.25, 주후 4세기), 바울은 로마 감옥에 투옥되었다가 일시적으로 석방되었으나 다시 투옥된 후에 얼마 지나지 않아 처형되었다. 이때는 주후 60년대 중반이다. 아마도 바울은 감옥에서 잠시 풀려나면서 몇 군데를 방문한 것으로 보인다.9) 이 기간에 그는 디모데와 함께 에베소를 방문하여 디모데를 그곳에 남겨 두었고 디도와 함께 그레데를 방문하여 디도를 그곳에 머물게 하였던 것 같다.10) 따라서 바울은 감옥에 투옥되었다가 잠시 풀려났을 때에 디모데전서와 디도서를 썼고 감옥에 다시 투옥되었을 때에 디모데후서를 쓴 것으로 보인다.

4. 주요 교훈

목회서신에 교훈이 많이 담겨 있지만 주요 교훈은 다음과 같다.

1) 거짓 선생들을 물리침

목회서신이 기록된 가장 중요한 목적은 디모데와 디도로 하여금 거짓 선생들(이단들)을 물리치게 하기 위해서이다. 당시에 디모데와 디도가 일하던 에베소와 그레데에는 거짓 선생들이 있어서 거짓 교훈을 가르치고 사람들을 잘못된 길로 인도하였다. 더욱이 그들은 교리적인 면에서 뿐만 아니라 윤리적인 면에서도 심각한 문제점을 가지고 있었다. 이에 바울은 디

---

9) 로마의 클레멘트(Clement of Rome, 주후 95년)는 바울이 이때 로마를 방문했다고 주장한다(*Clement* 5.7; 참고. Acts of Peter 1-3).

10) 사도행전 27:7-9에 바울과 그레데의 관련성이 기록되어 있다. 바울이 이때 그레데를 방문하였을 수도 있고 그 이전이나 그 이후에 방문했을 수도 있다. 이 시기를 어떻게 보느냐에 따라 디도서의 바울 저작권 여부가 결정된다. 바울이 디도와 함께 그레데를 방문하고 디도를 그곳에 머물게 한 정확한 시기는 여전히 해결되지 않았다. 이에 대하여, 디도서 1:5의 주해를 보라.

모데와 디도에게 거짓 선생들이 더 이상 잘못된 교훈을 가르쳐서 사람들을 미혹하지 못하게 하라고 명령한다. 특히 그는 이단에 속한 사람들을 한두 번 훈계한 후에 멀리하라고 말한다(딛 3:10).

2) 바른 교훈을 가르침

바울은 디모데와 디도에게 '바른 교훈'을 지키고 가르칠 것을 권면한다. '바른 교훈'이란 바울이 전수해준 교훈이지만 궁극적으로는 하나님의 말씀인 성경이다. 목회서신에는 '바른 교훈'을 부지런히 가르쳐야 한다는 권면이 빈번하게 나온다. 특히 바울은 하나님의 말씀인 성경의 가치를 명확히 드러낸다. 그는 '모든 성경은 하나님의 감동으로 된 것으로 교훈과 책망과 바르게 함과 의로 교육하기에 유익하니 이는 하나님의 사람으로 온전하게 하며 모든 선한 일을 행할 능력을 갖추게 하려 함이라'라고 말한다(딤후 3:16-17). 디모데와 디도는 소극적으로 거짓 교훈을 물리쳐야 할 뿐 아니라 적극적으로 바른 교훈을 가르쳐야 한다.

3) 교회를 다스림

목회서신에는 교회를 어떻게 다스려야 하는지에 대한 지침들이 풍부하게 언급되어 있다. 디모데와 디도는 아직 젊고 경험이 부족하여서 교회를 다스리는 일에 익숙하지 않았다. 더군다나 거짓 선생들은 그들이 목회를 잘 하지 못하도록 방해하였다. 그리하여 바울은 그들이 교회를 바르게 다스리도록 실제적인 지침을 준다.

이 서신들에는 교회의 예전을 확립하는 일과 교회의 직분자들(장로와 집사)을 세우는 규정들과 여러 계층의 성도들을 대하는 자세 등이 세밀하게 기록되어 있다. 그런데 교회를 잘 다스리려면 무엇보다도 지도자인 디모데와 디도의 처신이 중요했다. 그리하여 바울은 그들이 정결하고 거룩해야 하며 삶에 본을 보여야 하며 말씀을 바로 가르쳐야 한다고 당부한다. 특히 그들은 돈을 사랑하지 말아야 한다.

4) 신학적 교리들

목회서신에는 신학적 교리가 많이 담겨 있다. 바울은 하나님과 예수님께 대하여 '우리 구주' 라는 명칭을 붙인다. 특히 '우리 구주 하나님' 이라는 표현은 바울의 다른 서신들에는 나오지 않으며, 오로지 목회서신에만 다섯 번 나온다(딤전 1:1; 2:3; 딛 1:3; 2:10; 3:4).

목회서신은 대단히 구원론적이다. 바울은 그리스도의 대속으로 말미암는 구원에 대해서 디도서 2:11-14과 3:3-7에서 매우 구체적으로 말한다. 그는 구원이 하나님의 긍휼하심으로 말미암아 중생의 씻음과 성령의 새롭게 하심으로 주어졌다고 말한다(딛 3:5). 목회서신에는 종말론적인 언급들이 많이 있다(예. 딤전 4:1; 6:14, 15; 딤후 4:1, 8). 바울은 그리스도의 영광이 나타나시는 종말에 대한 기대감을 말하면서 선한 일에 힘쓸 것을 요청한다(딛 2:13-14).

5) 선한 행실

목회서신에 가장 많이 나오는 내용은 신자들이 선한 행실을 행해야 한다는 사실이다. 신자들은 선한 삶을 살도록 부르심을 받은 사람들이다. 그들은 교회에서, 가정에서, 그리고 세상에서 그리스도의 온유와 관용을 보여주어야 한다. 다른 교훈을 따르는 자들은 교만하며 변론과 언쟁을 좋아하고 투기와 분쟁과 비방과 악한 생각을 좇는다. 그들은 마음이 부패하여 경건을 이익의 방도로 삼는다. 하지만 바른 교훈을 따르는 자들은 의와 경건과 믿음과 사랑과 인내와 온유를 따라야 한다. 그들은 믿음의 선한 싸움을 싸워야 한다. 그들은 흠도 없고 책망 받을 것도 없이 주님의 명령을 지켜야 한다. 실로 그들은 바른 교훈에 합당한 삶을 살아야 한다.

디모데전서

서 론

디모데전서의 수신자는 디모데(Timothy)이다. 디모데는 소아시아의 루스드라 출신으로 이방인 아버지와 유대인 어머니 사이에서 태어났다. 그의 아버지가 그리스도인이었는지는 분명하지 않으나, 그의 어머니 유니게와 외조모 로이스는 신실한 그리스도인이었다(참고. 행 16:1; 딤후 1:5). 유니게와 로이스가 언제 기독교로 회심했는지는 알려져 있지 않다. 바울은 제1차 전도 여행 중에 루스드라를 방문했는데 그때 그들이 바울을 만났고 그를 통하여 회심했을 가능성이 있다(참고. 행 14:6 이하). 덕분에 디모데는 어려서부터 성경을 배웠다(참고. 딤후 3:15).

바울은 제2차 전도 여행 중에 다시 루스드라를 방문했는데, 이때 디모데를 만나서 할례를 행했으며 그를 데리고 떠났다(참고. 행 16:1-3). 바울은 디모데를 매우 신뢰하여 자신의 동역자요 영적인 아들로 삼았다(참고. 롬 16:21; 고전 16:10; 빌 2:19-22; 살전 3:2). 그는 바울의 여러 편지들에서 바울과 함께 인사하였다(참고. 롬 16:21; 고후 1:1, 19; 빌 1:1; 골 1:1; 살전 1:1; 살후 1:1; 몬 1).[11] 그는 바울이 참여한 장로의 회에서 안수를 받음으로 목사가 되었고(참고. 딤전 4:14; 딤후 1:6), 이후 바울과 함께 에베소에서 일하다가 바울이 떠나자 혼자 남아서 일하였다(참고. 딤전 1:3).

---

11) Benjamin Fiore, S. J., 27.

바울은 에베소에 남겨진 디모데가 교회를 든든히 세우도록 권면하기 위하여 이 편지를 보냈다. 당시 에베소에는 거짓 선생들이 활동하면서 잘못된 교훈으로 사람들을 미혹하였고 그들로 인하여 교회는 어려움을 겪었다. 이에 바울은 디모데로 하여금 그들을 경계하면서 동시에 바른 교훈을 가르칠 것을 요청한다. 바울은 또한 교회를 든든히 세우기 위하여 예전을 확립하는 일과 직분자들(장로와 집사)을 세우는 일과 다양한 성도들을 대하는 지침 등을 제시한다. 그는 특히 지도자가 돈을 사랑하지 말아야 하며 범사에 사람들에게 본이 되어야 한다고 당부한다.

구조

본문해설

1:1-2 서두

> ¹ 우리 구주 하나님과 우리의 소망이신 그리스도 예수의 명령을 따라 그리
> 스도 예수의 사도 된 바울은 ² 믿음 안에서 참 아들 된 디모데에게 편지하노
> 니 하나님 아버지와 그리스도 예수 우리 주께로부터 은혜와 긍휼과 평강이
> 네게 있을지어다

바울은 서신의 서두에서 발신자, 수신자, 인사말을 언급한다. 이는 주후 1
세기 그리스 서신의 형태(typical formula)를 따른 것이다(참고. 딤후 1:1-2; 딛 1:1-4).

1절 | 발신자

> ¹ **우리 구주 하나님과 우리의 소망이신 그리스도 예수의 명령을 따라 그리**
> **스도 예수의 사도 된 바울은**

1절a: 바울은 '우리의 구주 하나님'(our savior God) 그리고 '우리의 소망
그리스도 예수'(our hope Christ Jesus)라는 표현을 사용한다. '우리의 구주 하
나님'은 구약적 표현인데, 목회서신에서 자주 사용된다(예. 2:3; 4:10; 딛 1:3;
2:10; 3:4). 그리고 '우리의 소망 그리스도 예수'는 그리스도 예수를 통한 구

원의 소망을 시사한다. 바울이 인생의 말년에 이방 지역에서 옥에 갇힌 채이 편지를 쓰고 있다는 사실을 생각할 때, 그가 고백적으로 하나님을 '구주'라고 표현하고 예수님을 '소망'이라고 표현하는 것은 상당한 감동을 준다.

1절b: 바울은 '그리스도 예수의 명령을 따라 그리스도 예수의 사도'(아포스톨로스, apostle)가 되었다고 말한다. 즉 자신이 원해서 사도가 된 것이 아니라 주님이 부르셔서 사도가 되었다는 것이다. 이렇게 바울이 서신의 서두에 자신의 사도권을 말하는 것은 그의 서신에서 자주 발견되는 것인데, 자신의 사도직이 입증되어야 그간의 사역과 가르침이 권위를 가지기 때문이다. 즉 바울은 사적인 욕심이 아니라 공적인 책임감으로 사도권을 주장하는 것이다. 실로 당시의 거짓 교사들은 바울의 사도권을 공격함으로써 바울이 전한 복음을 비판하였다.

2절 | 수신자, 인사말

> 2 믿음 안에서 참 아들 된 디모데에게 편지하노니 하나님 아버지와 그리스
> 도 예수 우리 주께로부터 은혜와 긍휼과 평강이 네게 있을지어다

2절a: 바울은 디모데를 '믿음 안에서 참 아들 된 디모데'라고 표현한다. 바울은 더베에서 디모데를 처음 만났다. 디모데의 어머니는 유대인이고 아버지는 헬라인이다(참고. 행 16:1).[12] 바울이 디모데를 직접 전도했는지 아니면 바울의 전도를 받은 그의 어머니 혹은 외할머니가 그를 전도했는지 확실하지 않다. 바울은 디모데에게 할례를 행했고 그를 전도여행에 데리고 다녔다(참고. '디모데전서 서론'). 하지만 이제 세월이 많이 흘렀고 바울은

---

12) 참고. Shaye J. D. Cohen, "Was Timothy Jewish(Acts 16:1-3)? Patristic Exegesis, Rabbinic Law, and Matrilineal Descent," *JBL* 105 (1986): 251-68.

더 이상 그와 같이 다닐 수 없게 되었다. 바울은 곧 죽음을 맞이할 것이고 그는 홀로 남아서 일해야 한다.

2절b: 바울은 디모데에게 '은혜와 긍휼과 평강'이 있기를 기원한다.[13] 그런데 이러한 은혜와 긍휼과 평강은 모두 '하나님 아버지와 그리스도 예수로부터' 나온다. 즉 삼위 하나님께서만 은혜와 긍휼과 평강을 주실 수 있다. 따라서 이것들은 신적인 선물이다. 한편, 일반적으로 바울의 서신에는 은혜와 평강이 나오지만(참고. 롬 1:7; 고전 1:3; 고후 1:2; 갈 1:3; 엡 1:2; 빌 1:2; 골 1:2; 살전 1:1; 살후 1:2; 몬 3; 딛 1:4 등), 이곳과 디모데후서의 서두에는 긍휼(mercy)이 추가되어 있다(참고. 딤후 1:2; 딤전 1:13, 16; 딤후 1:16, 18; 딛 3:5). 이것은 디모데를 향한 바울의 애틋한 마음을 보여준다.

1:3-11 거짓 교사들에 대한 경계

3 내가 마게도냐로 갈 때에 너를 권하여 에베소에 머물라 한 것은 어떤 사람들을 명하여 다른 교훈을 가르치지 말며 4 신화와 끝없는 족보에 몰두하지 말게 하려 함이라 이런 것은 믿음 안에 있는 하나님의 경륜을 이룸보다 도리어 변론을 내는 것이라 5 이 교훈의 목적은 청결한 마음과 선한 양심과 거짓이 없는 믿음에서 나오는 사랑이거늘 6 사람들이 이에서 벗어나 헛된 말에 빠져 7 율법의 선생이 되려 하나 자기가 말하는 것이나 자기가 확증하는 것도 깨닫지 못하는도다 8 그러나 율법은 사람이 그것을 적법하게만 쓰면 선한 것임을 우리는 아노라 9 알 것은 이것이니 율법은 옳은 사람을 위하여 세운 것이 아니요 오직 불법한 자와 복종하지 아니하는 자와 경건하지 아니한 자와 죄인과 거룩하지 아니한 자와 망령된 자와 아버지를 죽이는 자와 어머니를 죽이는 자와 살인하는 자며 10 음행하는 자와 남색하는 자와 인신매매를 하는 자와 거짓말하는 자와 거짓맹세하는 자와 기타 바른 교훈을 거스르는 자를 위함이니 11 이 교훈은 내게 맡기신 바 복되신 하나님의 영광의

13) 참고. John Nolland, "Grace as Power," *NTS* 28 (1986): 26-31.

복음을 따름이니라

바울은 인사말을 마치자마자 무엇보다도 먼저 디모데에게 거짓 교사들을 경계해야 한다는 사실을 주지시킨다. 이는 디모데가 교회를 섬기는 데 있어서 가장 시급하게 처리해야 할 문제가 성도들이 거짓 교사들의 잘못된 교훈에 물들어 배교하는 것을 방지하는 것이기 때문이다. 특히 바울은 율법의 기능을 말하면서 거짓 교사들이 율법에 대해서 잘못 이해하고 있음을 지적한다.

3-5절 | 바른 교훈을 가르쳐야 함

> 3 내가 마게도냐로 갈 때에 너를 권하여 에베소에 머물라 한 것은 어떤 사람들을 명하여 다른 교훈을 가르치지 말며 4 신화와 끝없는 족보에 몰두하지 말게 하려 함이라 이런 것은 믿음 안에 있는 하나님의 경륜을 이룸보다 도리어 변론을 내는 것이라 5 이 교훈의 목적은 청결한 마음과 선한 양심과 거짓이 없는 믿음에서 나오는 사랑이거늘

3-4절a: 바울은 마게도냐로 갈 때에 디모데를 에베소에 남겨두었다.[14] 바울이 디모데를 에베소에 머물라고 한 것은 거짓 교사들이 '다른 교훈'을 가르치지 못하게 하고 '신화와 끝없는 족보'에 몰두하지 못하게 하기 위해서이다. '교훈'(doctrine)이란 '교리'를 뜻한다. 다른 교훈이 있다는 것은 바른 교훈, 즉 표준적인 교리가 있다는 뜻이다.[15] 다른 교훈은 다른 복음을 의미하며(참고. 갈 1:6), 이단적인 교훈(거짓 교훈, NIV: false doctrine)을 가리

---

14) 사도행전 19:22에는 바울이 디모데와 에라스도 두 사람을 마게도냐로 보내고 자신은 아시아(에베소)에 얼마 동안 더 있었다는 기록이 있다. 하지만 이 언급은 디모데전서 1:3에 나오는 바울의 말과 맞지 않다. 아마도 바울은 사도행전 28:30-31에 기록된 가택연금에서 풀려난 후에 선교 여행을 했으며, 이때 마게도냐로 가다가 디모데를 에베소에 머물라고 했던 것으로 보인다. Benjamin Fiore, S. J., 40을 보라.

15) John Stott, 49.

킨다. '신화' (뮈또스)는 망령되고 허탄한 것으로서 진실성이 없는 이야기들을 가리킨다(참고. 4:7). 족보(게네아로기아)는 구약의 가족 계보에 대하여 아무런 근거 없이 추정하여 꾸며낸 이야기들을 뜻한다.

4절b: 당시 에베소에서 활동하던 거짓 교사들이 누구인지는 알려져 있지 않다.[16] 본문의 문맥을 통해 추정할 때에 초기 영지주의자들과 극단적 유대주의자들일 가능성이 높다(참고. 8-11절). 바울은 디모데를 에베소에 남겨두면서 그러한 자들을 억제하고 바른 교훈을 가르치기를 기대한다. 이는 거짓 교사들이 '하나님의 경륜'을 이루는 것보다는 '변론'을 내기 때문이다. '하나님의 경륜' (오이코노미안 떼우, God's work)은 하나님의 종말론적인 구원계획을 의미한다. '변론' (speculation)은 당시의 이교도들이 즐겨하던 것으로 사상적으로 심각한 폐해를 가져오는 것이었다.

5절: '이 교훈의 목적'이란 바른 교훈의 목적, 즉 성경의 목적이다. 문장의 구조를 통해서 볼 때 이 교훈의 목적은 '사랑' (아가페)이다(NRSV: the aim of such instruction is love). 이것은 바른 교훈을 따르는 자에게 생기는 열매가 사랑이라는 뜻이다.[17] 그리고 이 사랑은 '청결한 마음' (a pure heart)과 '선한 양심' (a good conscience)과 '거짓이 없는 믿음' (a sincere faith)에서 나온다.[18] 사랑은 청결하고 선하고 진실하다. 성경을 배우는 목적이 사랑이라는 사실은 거짓 교사들이 무미건조한 지식을 추구하고 변론을 좋아하며 신화와 족보에 몰두하는 모습과 대조를 이룬다.

16) 초기 기독교의 이단에 대하여, Walter Bauer, *Orthodoxy and Heresy in Earliest Christianity*, Philadelphia: Fortress Press, 1971을 보라.

17) Benjamin Fiore, S. J., 41.

18) 신약성경에 나타난 '양심' (conscience)에 대하여, Claude Anthony Pierce, *Conscience in the New Testament*, London: SCM, 1955; Margaret E. Thrall, "The Pauline Use of *Syneidesis*," *NTS* 14 (1967-1968): 118-26을 보라.

6-7절 | 거짓 교훈의 위험성

> 6 사람들이 이에서 벗어나 헛된 말에 빠져 7 율법의 선생이 되려 하나 자기가 말하는 것이나 자기가 확증하는 것도 깨닫지 못하는도다

6절: 어떤 사람들(거짓 교사들)은 바른 교훈이 지향하는 본연의 목적에서 벗어나서 헛된 말에 빠진다. '벗어나'라는 용어는 목표에서 이탈한 것을 가리킨다. 이것은 여행 은유(metaphor)인데, 여행 은유는 목회서신에서 매우 빈번하게 발견된다(예. 1:19 [파선하다]; 6:21 [벗어나다]; 딤후 2:18 [그릇되다]; 참고. 5:15 [돌아가다]; 6:20 [피하다]; 딤후 4:4 [돌이키다]). '헛된 말'이란 '의미 없는 말'(meaningless talk)을 뜻한다. 거짓 교사들의 말은 진리에서 멀어 있으며 사실상 말장난에 불과하다. 그러므로 그들의 말을 듣는 것은 아무런 유익이 되지 않는다.

7절: 거짓 교사들은 존경받는 율법 선생이 되고 싶어 한다. 하지만 그들은 자신들이 말하는 것이나 자신들이 확증하는 것도 깨닫지 못한다. 그들은 자신들의 가르침과 구약(유대)의 전통을 잘못 연결시켰다(참고. 딛 1:14-15). 그들은 구약을 확실히 알고 있다고 생각하였다. 하지만 그들이 말하는 것은 구약의 교훈과 아무런 관계가 없다. 이러한 바울의 지적은 예수님이 바리새인들을 비난하시면서 그들이 성경을 잘 알고 잘 지킨다고 자부하지만 사실은 그들이 성경을 모르고 성경을 지키지 않는다고 말씀하신 것을 기억하게 한다(참고. 마 23장).

8-11절 | 율법의 기능

> 8 그러나 율법은 사람이 그것을 적법하게만 쓰면 선한 것임을 우리는 아노라 9 알 것은 이것이니 율법은 옳은 사람을 위하여 세운 것이 아니요 오직

불법한 자와 복종하지 아니하는 자와 경건하지 아니한 자와 죄인과 거룩
하지 아니한 자와 망령된 자와 아버지를 죽이는 자와 어머니를 죽이는 자
와 살인하는 자며 10 음행하는 자와 남색하는 자와 인신 매매를 하는 자와
거짓말하는 자와 거짓맹세하는 자와 기타 바른 교훈을 거스르는 자를 위
함이니 11 이 교훈은 내게 맡기신 바 복되신 하나님의 영광의 복음을 따름
이니라

8절: 바울은 거짓 교사들이 율법에 대하여 잘못 말한 것을 교정해 준다.
율법은 사람이 그것을 적법하게만(올바르게만) 쓰면 선하다. 분명히 율법은
좋은 것이다(참고. 롬 7:12; 갈 3:24; 5:4). 율법은 하나님의 말씀으로서 하나님이
주신 선물이다. 따라서 그것을 선하게 보아야 하고 소중하게 여겨야 한다.
그러나 그것의 진정한 의미를 모른 채 잘못 적용하면 문제가 된다. 율법은
하나님의 백성들의 규범을 제시할 뿐만 아니라 사람들의 죄를 억제하고
사람들의 연약함을 깨닫게 하여 사람들을 그리스도께로 인도하는 역할을
한다. [19]

9-10절: 율법은 의로운 자를 위하여 주신 것이 아니라 의롭지 못한 자를
위하여 주신 것이다. 여기서 바울은 의롭지 못한 자를 말하면서 십계명에
기초한 죄의 목록을 말한다. 이것은 십계명을 느슨하게(loosely) 나열한 것
이다. 그는 1-4계명(불법한 자, 복종하지 아니하는 자, 경건하지 아니한 자, 죄인, 거룩하
지 아니한 자, 망령된 자), 5계명(아버지를 죽이는 자, 어머니를 죽이는 자), 6계명(살인하
는 자), 7계명(음행하는 자, 남색하는 자), 8계명(인신매매를 하는 자), 9계명(거짓말하는

---

19) 율법의 올바른 사용에 대한 논의에 대하여, John Stott, 55-61을 보라. Stott는 종교 개혁
가들이 주장한 율법의 목적을 소개하면서, 루터가 율법의 정치적 혹은 사회적 목적과 신
학적 혹은 영적 목적을 주장한 것을 언급하며, 칼뱅이 율법의 세 가지 기능으로 죄인을
그리스도께로 인도하는 기능과 악한 자들을 억제하는 기능과 신자들을 가르치는 기능
을 제시한 것을 말한다. 그런 후에 그는 본문에서 바울이 디모데에게 말한 율법의 기능
은 세 가지 기능 모두를 뜻하지만, 그중에서도 특히 두 번째 기능, 즉 악한 자들을 억제하
는 기능을 강조한다고 주장한다.

자, 거짓 맹세하는 자, 기타 바른 교훈을 거스르는 자)을 말한다(참고. 출 20:1-17).[20] 바울은 십계명을 통하여 신자들의 행위의 표준을 제시하면서 동시에 그들의 연약한 점들을 드러낸다.

11절: '이 교훈'은 바른 교훈, 건전한 교훈, 건강한 교훈을 의미한다(참고. 10절b).[21] 이 교훈은 '하나님의 영광의 복음'을 따른다. 즉 이 교훈은 복음에 기초한다. 하나님은 바울에게 복음을 맡기셨으며, 그는 에베소에서 복음을 충실하게 전하였다(참고. 행 20:17-27). 바울의 이러한 노력은 거짓 교사들의 일과 대조된다. 거짓 교사들은 율법주의에 빠져 있었는데, 이는 율법을 통하여 의롭게 된다고 믿는 것으로서 그리스도의 십자가 공로를 무효화시킨다. 율법주의는 자기의 의를 내세우기 때문에 그리스도의 의를 부인한다. 따라서 그것은 복음이 아니다.

1:12-20 바울과 복음

[12] 나를 능하게 하신 그리스도 예수 우리 주께 내가 감사함은 나를 충성되이 여겨 내게 직분을 맡기심이니 [13] 내가 전에는 비방자요 박해자요 폭행자였으나 도리어 긍휼을 입은 것은 내가 믿지 아니할 때에 알지 못하고 행하였음이라 [14] 우리 주의 은혜가 그리스도 예수 안에 있는 믿음과 사랑과 함께 넘치도록 풍성하였도다 [15] 미쁘다 모든 사람이 받을 만한 이 말이여 그리스도 예수께서 죄인을 구원하시려고 세상에 임하셨다 하였도다 죄인 중에 내가 괴수니라 [16] 그러나 내가 긍휼을 입은 까닭은 예수 그리스도께서 내게 먼저 일체 오래 참으심을 보이사 후에 주를 믿어 영생 얻는 자들에게 본이 되게 하려 하심이라 [17] 영원하신 왕 곧 썩지 아니하고 보이지 아니하고 홀로

---

20) 참고. Neil J. McEleney, "The Vice List of the Pastoral Epistles," *CBQ* 36 (1974): 203-19.

21) 성경의 교훈에 대하여, '바르다', '건전하다', '건강하다'로 번역될 수 있는 *휘기아이노*를 사용한 것은 신약성경에서 목회서신이 유일하다(예. 딤후 4:3; 딛 1:9; 2:1; 참고. 딤전 6:3; 딤후 1:13; 딛 1:13; 2:2; 2:8). Benjamin Fiore, S. J., 44를 보라.

하나이신 하나님께 존귀와 영광이 영원무궁하도록 있을지어다 아멘 ¹⁸ 아
들 디모데야 내가 네게 이 교훈으로써 명하노니 전에 너를 지도한 예언을
따라 그것으로 선한 싸움을 싸우며 ¹⁹ 믿음과 착한 양심을 가지라 어떤 이들
은 이 양심을 버렸고 그 믿음에 관하여는 파선하였느니라 ²⁰ 그 가운데 후메
내오와 알렉산더가 있으니 내가 사탄에게 내준 것은 그들로 훈계를 받아 신
성을 모독하지 못하게 하려 함이라

바울은 앞에서 거짓 교사들을 물리칠 것과 그들이 율법을 오해한 사실
을 지적하였는데, 이제 이 단락에서 복음을 통하여 자신이 어떻게 변화되
었는지를 말한다. 이것은 거짓 교훈이 사람들을 잘못된 길로 인도하는 것
과 대조를 이룬다. 바울은 고백(간증, 회고)의 형식으로 글을 쓰지만 이에 그
치지 않고 디모데와 그의 청중들에게도 자신과 같은 변화가 있기를 기대
한다.

12-14절 │ 바울의 감사

¹² 나를 능하게 하신 그리스도 예수 우리 주께 내가 감사함은 나를 충성되
이 여겨 내게 직분을 맡기심이니 ¹³ 내가 전에는 비방자요 박해자요 폭행자
였으나 도리어 긍휼을 입은 것은 내가 믿지 아니할 때에 알지 못하고 행하
였음이라 ¹⁴ 우리 주의 은혜가 그리스도 예수 안에 있는 믿음과 사랑과 함
께 넘치도록 풍성하였도다

12절: 바울은 자신을 변화시키셔서 자신에게 직분을 주신 주님께 감사
한다. 헬라어 본문에서 이 문장의 제일 앞에 '감사'(카린)가 나온다. 이는
감사를 강조하기 위한 의도이다. '나를 능하게 하신 그리스도 예수 우리
주'라는 표현은 바울의 능력의 근원이 예수님이심을 의미하는데, 특히 그
는 예수님에 대하여 '그리스도'와 '주'라는 표현을 함께 붙임으로써 그분
이 구원자이시며 주님이시라는 사실을 고백한다. 바울은 예수님이 자신을

충성스럽게 여겨 직분을 주셨다고 말한다. 그는 자신의 직분이 주님으로
부터 온 것임을 분명히 한다(참고. 1:1).

13절: 바울은 자신의 과거를 고백한다. 그는 과거에 '비방자'(blasphemer)
였고 '박해자'(persecutor)였으며 '폭행자'(insolent man)였다(참고. 행 22:4-5, 19-
20; 26:9-11). 이것은 9-10절에 나오는 율법을 필요로 하는 불의한 자들에 대
한 언급과 연관된다. 그런데 그는 과거에 자신이 믿지 않을 때에 '알지 못
하고' 행했다고 말한다. 이는 자신에게 구원의 가능성이 있었음을 의미한
다. 하지만 지금의 거짓 교사들은 '알고 있으면서' 행하기 때문에 구원의
가능성이 없다. 그들은 예수님을 믿는다고 하면서 여전히 예수님의 십자
가 공로를 부정하는 일을 하고 있다(참고. 마 12:31-32; 막 3:28-30; 눅 12:10; 요일
5:16).

14절: 바울은 과거의 자신과 현재 복음을 위탁받은 자신을 비교하면서
자기에게 부어진 하나님의 은혜가 너무나도 크다고 말한다. '믿음과 사랑
과 함께'라는 표현은 불신앙 속에 있었던 그에게 주님께서 '믿음'을 주셔
서 새로운 관계를 형성해 주셨고, 교회에 대한 강한 적대감을 가지고 있었
던 그에게 주님께서 '사랑'을 주셔서 성도들을 섬기게 하셨다는 뜻이다.
'넘치도록 풍성하였도다'에 해당하는 헬라어 단어 *휘페레플레어나센*은
신약성경에서 여기에만 나온다. 이 단어는 바울에게 부어진 하나님의 은
혜가 지극히 혹은 독특하게 크다는 점을 드러낸다.

15-17절 | 구원의 목적

15 미쁘다 모든 사람이 받을 만한 이 말이여 그리스도 예수께서 죄인을 구
원하시려고 세상에 임하셨다 하였도다 죄인 중에 내가 괴수니라 16 그러나

내가 긍휼을 입은 까닭은 예수 그리스도께서 내게 먼저 일체 오래 참으심
을 보이사 후에 주를 믿어 영생 얻는 자들에게 본이 되게 하려 하심이라
17 영원하신 왕 곧 썩지 아니하고 보이지 아니하고 홀로 하나이신 하나님께
존귀와 영광이 영원무궁하도록 있을지어다 아멘

15절: '미쁘다 이 말이여'(here is a trustworthy saying)라는 표현은 신약성경
에서 오로지 목회서신에만 다섯 번 나온다(참고. 3:1; 4:9; 딤후 2:11; 딛 3:8).[22]
이것은 아마도 초대교회의 찬송이나 신조에서 인용한 말일 것이다.[23] 바
울은 예수 그리스도가 죄인을 구원하시려고 세상에 오셨다고 말한다. 예
수님은 스스로 죄인을 부르러 오셨다고 말씀하신 바 있다(참고. 마 9:13).[24]
예수님이 죄인을 구원하시러 오셨다는 말은 이어지는 말, 곧 '죄인 중에
내가 괴수니라' 라는 말과 연결된다. 바울은 과거에 교회를 극심하게 핍박
했던 사람이기에 자신을 '죄인 중에 괴수' 라고 표현한다(참고. 고전 15:9; 엡
3:8; 살전 2:15-16).

16절: 하나님께서 바울을 구원하신 목적은 바울을 통하여 하나님의 사
랑의 '본' (example)을 보여 주시기 위해서이다. '긍휼' 이라는 단어와 '오래
참으심' 이라는 단어는 하나님의 구원의 성격을 보여준다. 하나님은 사람
이 무가치한 죄인임에도 불구하고 긍휼히 여기시고 오래 참으셔서 구원해
주신다. 그러므로 구원은 전적으로 하나님의 은혜이다. '후에 주를 믿어
영생을 얻는 자들에게' 라는 표현은 죄인 중에 괴수인 바울과 같은 사람을
구원해 주신 하나님이시라면 그 이후에 어떠한 죄인이라도 구원해 주실
수 있는 하나님이심을 의미한다.

---

22) George W. Knight III, *The Faithful Sayings in the Pastoral Letters*, Grand Rapids: Baker, 1979를
보라.

23) John Stott, 63.

24) Donald Guthrie, 65.

17절: 바울은 구원의 하나님을 찬송한다. 그는 하나님의 속성을 '영원하신 왕'이라고 말한다(참고. 렘 10:10). 그러면서 영원하신 왕을 '썩지 아니하고'(immortal), '보이지 아니하고'(invisible), '홀로 하나이신'(the only) 하나님이라고 설명한다. 이것은 각각 하나님의 영원불멸성, 편재성, 유일성을 의미한다. 하나님은 영원불멸하시며 어디에나 계시며 유일하신 왕이시다. 따라서 그분이 베푸시는 구원은 위대하다. 그는 하나님께 '존귀와 영광이 영원무궁하도록 있을지어다'라고 말한다. 이것은 송영(doxology)이다(참고. 6:16; 롬 16:27; 유 25).[25]

18-20절 | 디모데를 향한 당부

> 18 아들 디모데야 내가 네게 이 교훈으로써 명하노니 전에 너를 지도한 예언을 따라 그것으로 선한 싸움을 싸우며 19 믿음과 착한 양심을 가지라 어떤 이들은 이 양심을 버렸고 그 믿음에 관하여는 파멸하였느니라 20 그 가운데 후메내오와 알렉산더가 있으니 내가 사탄에게 내준 것은 그들로 훈계를 받아 신성을 모독하지 못하게 하려 함이라

18절: 바울은 디모데를 '아들'이라고 부른다. 이것은 바울이 디모데를 영적인 아들(제자)로 생각하고 있다는 뜻이다. 이 구절에 나오는 '교훈'(파랑겔리아스)은 5절의 '교훈'(파랑겔리아스)과 같다. 그것은 바른 교훈 혹은 건전한 교훈으로, 거짓 교훈 혹은 파멸하는 교훈과 대조된다. '예언'이 구체적으로 무엇인지 알려져 있지 않지만 디모데가 언젠가 바울로부터 받은 가르침일 것이다(참고. 행 13:2). 바울은 바른 교훈으로 '선한 싸움'을 싸우라고 말한다. '선한 싸움'은 군사용어인데(참고. 6:12; 딤후 2:3-4), 바른 교훈을 전하는 것이 사탄과의 싸움임을 시사한다. 하나님의 말씀을 부인하거나

---

25) 참고. Ann L. Jervis, "Paul the Poet in First Timothy 1:11-17; 2:3b-7; 3:14-16," *CBQ* 61 (1999): 695-712.

왜곡시키는 자들과 싸우는 일은 결코 쉽지 않다. 하지만 신자들은 이 싸움에서 반드시 이겨야 한다.

19절: 바울은 '믿음' 과 '착한 양심' 을 가지라고 권면한다(참고. 5절). 믿음과 착한 양심은 말씀을 전하는 자가 가져야 할 기본적인 소양으로서 함께 보존되어야 한다(참고. 1:5; 3:9).[26] 믿음과 착한 양심은 바른 교훈 위에 세워진다. 거짓 교사들은 믿음이 없으며 착한 양심을 가지고 있지 않다. 그들은 양심을 버렸고 믿음에 관하여는 파선하였다. '파선' 은 여행 은유인데(참고. 1:6), 바울은 신앙생활을 항해(여행)에 비유한다. 거짓 선생들은 자신들이 믿음과 착한 양심을 가지고 있지 않을 뿐더러 다른 사람들도 믿음과 양심을 버리게 한다. 따라서 교회는 무엇보다도 먼저 거짓 교사들을 제거해야 한다.

20절: 거짓 교훈으로 인하여 파멸한 자들의 이름이 나온다. 그들은 후메내오와 알렉산더이다. 후메내오는 알려지지 않은 인물인데, 부활이 이미 지나갔다고 주장한 사람일 것이다(참고. 딤후 2:17). 알렉산더는 에베소에서 소동이 일어났을 때 앞에 나가서 말한 사람과 이름이 같은데, 이 편지가 에베소에 있는 디모데에게 보내어진 것으로 보아 같은 사람일 가능성이 높다(참고. 행 19:33). 또한 알렉산더라는 이름은 디모데후서 4:14-15에도 나오는데, 거기서 바울은 알렉산더가 자신에게 해를 많이 입혔다고 말하면서 디모데에게 주의를 당부한다. 하지만 그 사람이 여기에 나오는 알렉산더와 같은 인물인지는 분명하지 않다.[27] 바울은 이들을 사탄에게 내어주어

---

26) John Stott, 70.

27) Stott는 당시에 알렉산더라는 이름이 흔했기 때문에 이 둘을 같은 이름으로 볼 이유가 없다고 주장한다. John Stott, 71. 이 두 사람이 같은 사람이냐 그렇지 않느냐 하는 문제는 해결하기 어렵다. 두 사람을 같은 이름으로 볼 수도 있고 그렇지 않을 수도 있다. 그러나 어찌되었든 그것이 본문 해석에 영향을 미치지는 않는다.

그들로 훈계를 받아 신성을 모독하지 못하게 하였다고 말한다. 이는 교회의 권징(discipline)이란 사람들이 하나님의 궁극적인 심판(영원한 파멸)을 면하게 하는 수단임을 뜻한다(참고. 고전 5:5, 13; 마 18:17).

2:1-7 교회의 기도

> [1] 그러므로 내가 첫째로 권하노니 모든 사람을 위하여 간구와 기도와 도고와 감사를 하되 [2] 임금들과 높은 지위에 있는 모든 사람을 위하여 하라 이는 우리가 모든 경건과 단정함으로 고요하고 평안한 생활을 하려 함이라 [3] 이 것이 우리 구주 하나님 앞에 선하고 받으실 만한 것이니 [4] 하나님은 모든 사 람이 구원을 받으며 진리를 아는 데에 이르기를 원하시느니라 [5] 하나님은 한 분이시요 또 하나님과 사람 사이에 중보자도 한 분이시니 곧 사람이신 그리스도 예수라 [6] 그가 모든 사람을 위하여 자기를 대속물로 주셨으니 기 약이 이르러 주신 증거니라 [7] 이를 위하여 내가 전파하는 자와 사도로 세움 을 입은 것은 참말이요 거짓말이 아니니 믿음과 진리 안에서 내가 이방인의 스승이 되었노라

바울은 1장에서 거짓 교사들을 경계해야 한다는 사실과 하나님의 복음을 따라야 한다는 사실을 말하였다. 이제 그는 2장에서 교회의 기도에 대해 말한다. 그런 후에 3-6장에서 어떻게 목회해야 하는지를 말한다. 이러한 구성을 통하여 그는 교회에서 우선적으로 거짓 교사들을 제거해야 하며, 복음을 따라야 하며, 기도해야 하며, 그런 후에 교회를 든든히 세워야 한다는 사실을 말한다.[28]

1-4절 | 모든 사람을 위하여 기도해야 함

[1] 그러므로 내가 첫째로 권하노니 모든 사람을 위하여 간구와 기도와 도고

---

28) 이런 패턴은 바울서신에서 자주 발견된다(예. 엡 5:22-6:9; 골 3:18-4:1; 딛 2:2-10; 참고. 벧전 2:13-3:7).

와 감사를 하되 ² 임금들과 높은 지위에 있는 모든 사람을 위하여 하라 이
는 우리가 모든 경건과 단정함으로 고요하고 평안한 생활을 하려 함이라
³ 이것이 우리 구주 하나님 앞에 선하고 받으실 만한 것이니 ⁴ 하나님은 모
든 사람이 구원을 받으며 진리를 아는 데에 이르기를 원하시느니라

1절: '첫째로'(프로톤 판톤)라는 단어는 시간의 우선성(primacy of time)이 아
닌 중요도의 우선성(primacy of importance)을 뜻한다.[29] 이는 교회에서 가장
중요하게 생각해야 할 것이 기도이며 예배임을 보여준다. '간구'(request),
'기도'(prayer), '도고'(intercession), 그리고 '감사'(thanksgiving)를 말한 것은
기도의 방법이나 종류를 제시하려 함이 아니라 다양한 형태로 혹은 온전
히 하나님께 기도하라는 사실을 말하려 함이다. '모든 사람을 위하여'에
는 믿는 사람들과 믿지 않는 사람들이 모두 포함된다. 이것은 바울의 선교
적 관심을 반영한다(참고. 딛 2:11).[30]

2절: 모든 사람을 위하여 기도하되 특히 '임금들과 높은 지위에 있는 모
든 사람을 위하여' 해야 한다. 이는 그런 사람들의 정치적이고 사회적인
영향력 덕분에 그리스도인들이 '모든 경건과 단정함으로 고요하고 평안
한 생활'을 하기 위해서이다(참고. 롬 13:1-7; 벧전 2:11-3:12).[31] 경건함과 단정
함과 고요함과 평안함은 복음에 합당한 삶의 특징으로 거짓 교사들이 지
향하는 삶과 대조된다(참고. 4:7-8; 6:3, 5-6, 11; 딤후 3:5). 특히 당시에 그리스도
인들에 대한 세상의 적대감과 정부의 박해가 점차 강해지고 있었기 때문

---

29) Donald Guthrie, 69.

30) Benjamin Fiore, S. J., 56.

31) 헬라적 유대주의에서 세상의 통치자들을 위하여 기도하라는 언급은 매우 빈번하게
발견된다(예. 렘 36 LXX; 스 6:6-12; 1 *Bar* 1:1-3:8; *Ep. Aris.* 45; 1 Macc 7:33; Josephus, *Ant.*
12.402; *Bell.* 2.197). 신약시대의 서신들 중에서는 베드로전서 2:13-17, 로마서 13:1-7, 디도
서 3:1, 1 *Clem.* 60:2-4, 61:1-2 등에서 로마의 통치자들이 나라를 잘 다스리고 모든 사람이
평화롭게 살 수 있도록 기도하라는 권면이 나온다. Benjamin Fiore, S. J., 57.

에 이러한 기도는 더욱 필요했다.

3-4절: 하지만 바울의 세속 권력을 위한 기도 요청은 일부 사람들에게 의문을 자아냈다. 과연 하나님께서 그런 기도를 받으시겠느냐는 의문이 있었다. 이에 바울은 이러한 기도가 '하나님 앞에 선하고 받으실 만한 것'이라고 말한다. 그리고 이어서 '하나님은 모든 사람이 구원을 받으며 진리를 아는 데에 이르기를 원하시느니라' 라고 말한다. 이 말은 모든 사람이 구원을 받을 수 '있다' 는 뜻이 아니라 하나님께서 모든 사람이 구원을 받기를 '원하신다' (멜로)는 뜻이다(참고. 벧후 3:9).[32] 이것은 모든 사람들을 향한 하나님의 일반적인 소원을 담고 있을 뿐이다.[33] 여기서 구원을 받는 것과 진리를 아는 것은 동의어로 쓰이는데, 목회서신에서는 복음과 진리가 종종 동의어로 쓰인다(참고. 딤전 3:15; 4:3; 딤후 2:15, 18, 25; 3:7, 8; 4:4; 딛 1:1, 14). 그리고 바울은 다른 서신에서 진리를 복음과 그에 기초한 교리를 뜻하는 것으로 이해한다(참고. 롬 1:18, 25; 3:7; 15:8; 고후 6:7; 엡 1:13; 골 1:5).

5–7절 | 예수님은 모든 사람을 위하여 죽으셨음

5 하나님은 한 분이시요 또 하나님과 사람 사이에 중보자도 한 분이시니 곧 사람이신 그리스도 예수라 6 그가 모든 사람을 위하여 자기를 대속물로 주셨으니 기약이 이르러 주신 증거니라 7 이를 위하여 내가 전파하는 자와 사도로 세움을 입은 것은 참말이요 거짓말이 아니니 믿음과 진리 안에서 내가 이방인의 스승이 되었노라

5절: 바울은 하나님께서 모든 사람이 구원받기를 원하신다는 언급의 신

---

32) 1, 2, 4, 6절에 '모든 사람' 이라는 표현이 있다.

33) 17세기에 칼뱅주의자와 아르미니우스주의자 사이에 이에 대한 심각한 논쟁이 있었다. Stott는 바울이 보편 구원론자가 아니었다고 주장하면서 이 구절의 의미에 대해서 포괄적으로 설명한다. John Stott, 80-86을 보라.

학적 기초로서 예수님이 하나님과 사람 사이의 중보자로서 모든 사람을
위하여 자기의 목숨을 주셨다는 점을 제시한다.[34] 하나님이 한 분이시라
는 표현은 신구약 전체에서 발견되는 근본적인 신학적 관점이다(참고. 롬
3:30; 고전 8:4; 12:5-6; 엡 4:5-6). 그리고 하나님과 사람 사이에 '중보자' (mediator)
도 한 분이신데, 이 중보자가 곧 예수님이라는 개념은 헬라주의나 유대주
의와 대조되는 기독교의 독특성과 고유성을 유지해 주는 진리이다.[35] 초
기 기독교는 유일하신 하나님께 나아오는 것이 오직 예수님을 통해서만
가능하다고 주장하였다(참고. 행 4:12).

6절: 예수님은 하나님께서 정하신 때('기약')에 오셔서 모든 사람을 위하
여 자신을 '대속물'로 주셨다. 예수님이 자신을 대속물로 주셨다는 표현
은 복음서를 비롯하여 신약성경에서 매우 광범위하게 발견된다(예. 막 10:45;
롬 3:24; 엡 1:7; 딛 2:14 등). '대속물' (안뤼리트론, ransom)이라는 단어는 죄인이나
노예를 살 때 지불하는 비용을 의미한다. 예수님은 자신의 생명을 매매 비
용으로 지불하심으로써 죄인을 사셨다. 여기서 예수님이 '모든 사람을 위
하여' 자신을 대속물로 주셨다는 표현은 신자들이 모든 사람을 위하여 기
도해야 한다는 사실과 하나님께서 모든 사람이 구원받기를 원하신다는 사
실을 지원한다.

7절: 바울은 하나님께서 모든 사람이 구원받기를 원하시기 때문에 자신
이 하나님의 사도가 되었다고 고백한다. 에베소에서 활동한 거짓 교사들
중에서 유대주의자들은 구원이 유대인들에게만 주어졌기 때문에 이방인
들에게 복음을 전할 필요가 없고 그들을 위해서 기도할 필요도 없다고 주

34) 5-6절은 아마도 목회서신에서 자주 발견되는 예전 단편들(liturgical fragments) 가운데
하나일 것이다(예. 3:16; 딤후 2:11-13).

35) Benjamin Fiore, S. J., 60.

장했을 것이다. 그러나 바울은 이에 반박하여 자신이 이방인을 위한 전파자요 사도로 세움을 받았다고 말한다. 특히 그의 말에는 '내가' *(에고)*가 강조되어 있다. 이것은 그의 투철한 소명의식과 사명의식을 보여준다. 그는 유대인과 이방인을 포괄하는 모든 사람을 염두에 두고 있다.

2:8-15 남성과 여성의 기도

> 8 그러므로 각처에서 남자들이 분노와 다툼이 없이 거룩한 손을 들어 기도하기를 원하노라 9 또 이와 같이 여자들도 단정하게 옷을 입으며 소박함과 정절로써 자기를 단장하고 땋은 머리와 금이나 진주나 값진 옷으로 하지 말고 10 오직 선행으로 하기를 원하노라 이것이 하나님을 경외한다 하는 자들에게 마땅한 것이니라 11 여자는 일체 순종함으로 조용히 배우라 12 여자가 가르치는 것과 남자를 주관하는 것을 허락하지 아니하노니 오직 조용할지니라 13 이는 아담이 먼저 지음을 받고 하와가 그 후며 14 아담이 속은 것이 아니고 여자가 속아 죄에 빠졌음이라 15 그러나 여자들이 만일 정숙함으로써 믿음과 사랑과 거룩함에 거하면 그의 해산함으로 구원을 얻으리라

바울은 이제 기도에 대해서 보다 구체적으로 남자와 여자들에게 요청한다. 그런데 얼핏 보면 앞 단락(2:1-7)과 이 단락(2:8-15)이 연결되지 않는 것처럼 보인다. 앞 단락은 모든 사람을 위한 기도에 대한 권면인데, 이 단락은 남자와 여자의 역할과 외모에 대한 언급처럼 보이기 때문이다. 하지만 이렇게 바울이 기도하라는 권면으로 시작하여 신자들의 행실과 외모에 대한 권면으로 나아가는 것은 내적인 경건과 외적인 행실(외모)이 분리된 것이 아니라 연결되어 있기 때문이다.

8절 | 남자들에게

> 8 그러므로 각처에서 남자들이 분노와 다툼이 없이 거룩한 손을 들어 기도하기를 원하노라

8절: 헬라어 본문의 문두에는 '나는 원하노라' (불로마이)가 있다. 이것은 바울의 사도적 권위를 드러낸다. 그리고 이러한 사도적 권위는 12절의 '내가 허락하지 아니하노니' 라는 표현에서도 발견된다(참고. 살전 4:1; 살후 3:6). 따라서 이 문구는 단순한 기원이 아니라 명령으로 간주되어야 한다.[36] '각처에서' 는 '모든 장소에서' 혹은 '모든 상황에서' 를 뜻한다(참고. 말 1:10-11; 고전 1:2; 고후 2:14; 살전 1:8). '거룩한 손을 들어 기도하기를' 이라는 표현에서, '손을 들어' 기도하는 것은 그리스-로마인들과 유대인들의 전형적인 기도 자세인데, 여기에다 '거룩한' 을 덧붙여서 기도 자세에 거룩성(경건성)을 더하고 있다(참고. 출 9:29; 왕상 8:22; 시 28:2; 눅 24:50). 헬라어 본문에서 문장의 끝에 '분노와 다툼이 없이' 라는 표현이 덧붙여진 것은 거짓 교사들 때문에 생긴 분란에 대한 경계를 반영한다.[37] 필시 그리스도인들은 기도할 때에 평정심을 가지고 기도해야 한다(참고. 고전 14:26-33, 36-40).

9-15절 | 여자들에게

> [9] 또 이와 같이 여자들도 단정하게 옷을 입으며 소박함과 정절로써 자기를 단장하고 땋은 머리와 금이나 진주나 값진 옷으로 하지 말고 [10] 오직 선행으로 하기를 원하노라 이것이 하나님을 경외한다 하는 자들에게 마땅한 것이니라 [11] 여자는 일체 순종함으로 조용히 배우라 [12] 여자가 가르치는 것과 남자를 주관하는 것을 허락하지 아니하노니 오직 조용할지니라 [13] 이는 아담이 먼저 지음을 받고 하와가 그 후며 [14] 아담이 속은 것이 아니고 여자가 속아 죄에 빠졌음이라 [15] 그러나 여자들이 만일 정숙함으로써 믿음과 사랑과 거룩함에 거하면 그의 해산함으로 구원을 얻으리라

9절: '이와 같이' 라는 단어는 기도에 있어서 여자의 태도가 남자의 태도

---

36) Donald Guthrie, 74.

37) Benjamin Fiore, S. J., 64. 예수님께서 가르치셨듯이 예배를 드리기 전에 먼저 형제들간에 화목해야 한다(참고. 마 5:23-24; 막 11:25). John Stott, 107.

와 근본적으로 같아야 함을 뜻한다. 여자들은 단정하게 옷을 입고 소박함과 정절로써 자기를 단장해야 한다. '땋은 머리'는 지나치게 화려한 머리치장을 가리키며, '금이나 은이나 값진 옷으로 단장하는 것'은 지나치게 사치스런 복장을 가리킨다. 이것은 당시 에베소 지역에서 볼 수 있었던 신전 창녀들의 모습과 유사하다. 그들은 종교행위를 빙자하여 성적인 쾌락을 제공하는 창녀들이었다. 따라서 바울은 그리스도인 여성들이 타락한 이방 여성들과 분명히 다른 모습을 보임으로써 내적인 경건함이 외적으로 드러나야 한다고 말한다.

10절: 여자들에게 있어서 무엇보다도 중요한 것은 '선행으로' 하는 것이다. 선행이란 경건이 외적으로 드러나는 형태이다. 물론 그것은 구원을 위한 조건이 아니다. 구원은 오직 예수 그리스도께서 희생하신 공로에 근거하여 믿음으로 말미암아 주어진다(참고. 딤후 1:9; 딛 3:5-7). 오히려 주님은 구원받은 자들이 선한 일을 열심히 할 수 있도록 힘을 주신다(참고. 딛 2:14). 실로 하나님을 경외하는 자들은 마땅히 선한 일을 행해야 한다(참고. 딤후 2:21; 딛 3:1, 8, 14). 그리고 그러한 선행은 복음 전파의 강력한 수단이 된다.

11-12절: 바울은 교회에서 여자들의 위치에 대하여 말한다. 바울은 '여자는 일체 순종함으로 조용히 배우라'(NRSV: Let a woman learn in silence with full submission)라고 명령한다(참고. 고전 14:34-35).[38] 원래 유대문화에서 여인들은 율법을 읽을 수 없었으며 성전의 바깥뜰에만 머물도록 허용되었다. 그리고 헬라의 여인들 역시 여러모로 제약을 많이 받았다. 그러나 복음이 전해지면서 남자와 여자 사이에 평등한 지위가 부여되어 있음이 강조되었고

---

38) 어떤 사람들은 당시에 일부 여자들이 에베소에서 거짓 교훈을 말했기 때문에 바울이 여자들의 가르침을 금했다고 주장한다. 그러나 에베소에서 활동한 거짓 교사들의 이름은 남자들의 것이며(참고. 1:19-20; 딤후 2:17-18; 참고. 행 20:30), 역사적으로 주후 1세기 에베소에 여자 거짓 교사들이 존재했다는 증거는 없다.

이 때문에 몇몇 여자들이 주어진 자유를 남용하였다. 그러다 보니 여자들이 교회 안에서 너무 주도적으로 일을 하였고 결국 남자들을 주관하려 하였다. 게다가 일부 여자들은 공적인 예배 시간에 남자들(자기 남편을 포함하여) 앞에서 큰 소리를 지르기도 하였다. 그리하여 바울은 여자들이 가르치는 것과 남자를 주관하는 것을 허락하지 않고 오직 조용히 하라고 말한다.

13절: 바울은 여자가 교회에서 조용히 해야 한다는 권고의 신학적 근거를 두 가지로 제시한다. 이 구절에는 첫 번째 근거가 나오는데 그것은 남자가 여자보다 먼저 창조되었다는 사실이다(참고. 창 2:7-25). 하나님은 남자를 먼저 만드셨으며 남자를 인류의 대표자로 삼으셨고 남자를 돕기 위하여 여자를 만드셨다(참고. 고전 11:8-9). 이것은 창조질서로서 불변하는 진리이다. 하지만 남자가 시간적으로 먼저 지음을 받은 것이 여자에 대한 우위성을 의미하지는 않는다. 만일 먼저 지음받은 것을 가지고 우위성을 논한다면 사람보다 짐승이 앞설 것이다.

14절: 여자가 교회에서 조용히 해야 할 두 번째 근거는 남자보다 여자가 먼저 죄를 지었다는 사실이다. 하와는 범죄로 말미암아 '남편은 너를 다스릴 것이니라' 라는 형벌을 받았다(참고. 창 3:16). 즉 여자가 남자를 주관하지 못한다는 것이다. 그러나 하와가 먼저 죄를 지었고 그녀가 아담을 꾀었다고 해서 아담의 죄가 면책되는 것은 아니다. 비록 하와가 아담에게 죄를 권하긴 했지만 아담 역시 그것이 죄인 줄 알고 스스로 죄를 범했다(참고. 창 3:6, 12-13). 실로 여자가 먼저 죄를 지은 것은 여자가 남자에 비해서 열등하기 때문이 아니라 남자에 비해서 연약하기 때문이다.

15절: 바울은 여자들이 '만일 정숙함으로써 믿음과 사랑과 거룩함에 거하면 그의 해산함으로 구원을 얻으리라' 라고 말한다. 이 구절은 해석하기가 쉽지 않다. 왜냐하면 여인이 해산함으로 구원을 얻는다고 할 때, 분명히 여인의 해산이 구원의 방법이 될 수 있다는 뜻은 아니기 때문이다(참고. 엡 2:8-9). 이 구절의 의미에 대하여 여러 견해들이 있지만,[39] 자녀를 해산하는 것이 여인들에게 주어진 중요한 일이라는 점에 근거하여, 여인들이 언약의 자손들을 출산하는 것을 뜻하는 것으로 보는 것이 적절하다.[40]

3:1-7 감독의 자격

> [1] 미쁘다 이 말이여, 곧 사람이 감독의 직분을 얻으려 함은 선한 일을 사모하는 것이라 함이로다 [2] 그러므로 감독은 책망할 것이 없으며 한 아내의 남편이 되며 절제하며 신중하며 단정하며 나그네를 대접하며 가르치기를 잘하며 [3] 술을 즐기지 아니하며 구타하지 아니하며 오직 관용하며 다투지 아니하며 돈을 사랑하지 아니하며 [4] 자기 집을 잘 다스려 자녀들로 모든 공손함으로 복종하게 하는 자라야 할지며 [5] (사람이 자기 집을 다스릴 줄 알지 못하면 어찌 하나님의 교회를 돌보리요) [6] 새로 입교한 자도 말지니 교만하여져서 마귀를 정죄하는 그 정죄에 빠질까 함이요 [7] 또한 외인에게서도 선한 증거를 얻은 자라야 할지니 비방과 마귀의 올무에 빠질까 염려하라

지금까지 거짓 교사를 처리하는 일과 예배(기도)를 드리는 지침을 설명한 바울은 이 단락에서부터 교회를 든든히 세워가는 일에 대해서 말한다. 바울은 감독의 자격에 대하여 말한다. 그가 제시하는 감독의 자격은 거짓 교사들의 특성과 대조된다. 한편, 목회서신에 언급된 직분은 감독(딤전 3:1-7; 딛 1:7-9), 장로(딤전 5:17-22; 딛 1:5-6), 그리고 집사(딤전 3:8-13)이다.

---

39) Donald Guthrie, 77-78을 보라.
40) Benjamin Fiore, S. J., 71.

1–3절 | 일반적인 자격

> [1] 미쁘다 이 말이여, 곧 사람이 감독의 직분을 얻으려 함은 선한 일을 사모하는 것이라 함이로다 [2] 그러므로 감독은 책망할 것이 없으며 한 아내의 남편이 되며 절제하며 신중하며 단정하며 나그네를 대접하며 가르치기를 잘하며 [3] 술을 즐기지 아니하며 구타하지 아니하며 오직 관용하며 다투지 아니하며 돈을 사랑하지 아니하며

1절: '미쁘다 이 말이여'(Here is a trustworthy saying, 참고. 1:15의 주해)라는 표현은 바울이 말하고자 하는 것을 강조한다.[41] '감독'(에피스코포스, overseer)은 교회를 다스리고 보호하는 사람이다(참고. 행 20:28; 빌 1:1; 딤후 3:2; 딛 1:7; 벧전 2:25). 목회서신이 기록될 당시에는 직분들이 뚜렷이 구분되지 않았다. 당시에 감독은 장로들 가운데에서 나왔다. 디도서 1:5-9에는 장로와 감독이 교호적으로(reciprocally) 사용되었고, 사도행전 20:28에서 바울은 장로들에게 말하면서 성령이 그들을 감독자로 삼으셨다고 말한다. 어쨌든 하나님은 교회에 감독이라는 직분자를 세우기를 원하신다.[42]

2절: 감독은 책망할 것이 없어야 한다. 이것은 감독이 원만한 사람이어야 한다는 뜻이다. '한 아내의 남편'(미아스 귀나이코스 안드라, the husband of but one wife)이란 결혼한 사람을 가리킬 수도 있고 오직 한 명의 부인을 둔 사람을 가리킬 수도 있다.[43] 아마도 양자 모두를 지칭할 가능성이 높다. 어쨌든 이것은 결혼 생활에서 신실해야 한다는 뜻이다.[44] 감독은 절제하며 신중하며 단정해야 하는데, 이는 감독이 갖추어야 할 기본적인 성품과 성

---

41) 참고. George W. Knight III, 1979.

42) John Stott, 117-118.

43) '한 아내의 남편'이라는 표현이 의미하는 것이 무엇인지에 대한 학자들의 다양한 견해를 위하여, Benjamin Fiore, S. J., 75-76; John Stott, 122-25를 보라.

44) John Stott, 125.

향이다. 나그네를 대접하는 것은 여행 중에 있는 그리스도인들과 순회전
도자들을 대접하는 것을 의미한다(참고. 5:10; 딛 1:8; 롬 12:13; 히 13:2).[45] 물론
일반인들을 대접하는 것도 포함된다. 가르치기를 잘 하는 것은 감독과 장
로의 자격에는 포함되지만 집사의 자격에는 포함되지 않는다.

3절: 감독은 술을 즐기지 아니하며 구타하지 아니하며 오직 관용해야
한다. 감독은 자신을 다스리고 통제하고 훈련하여 좋은 성품을 유지해야
한다(참고. 딤전 2:8). 술을 즐기는 사람은 자신을 통제할 수 없다. 구약에는
제사장이나 지도자들이 술을 멀리해야 한다는 경고가 많이 나온다(참고. 레
10:1 이하; 잠 31:4 이하; 20:1; 사 5:22-23; 28:7 이하). 다투지 않는 것은 거짓 교사들
이 다툼을 일삼는 것과 대조된다. 거짓 교사들은 쓸데없는 변론과 언쟁을
좋아하였다(참고. 6:4). 감독은 돈을 사랑하지 않아야 하는데, 이러한 성향
역시 거짓 교사들의 성향과 대조된다. 그들은 돈을 사랑하여 경건을 이익
의 방도로 생각하였다(참고. 6:5; 딛 1:11).

4-5절 | 가정을 잘 다스리는 자

> [4] 자기 집을 잘 다스려 자녀들로 모든 공손함으로 복종하게 하는 자라야 할
> 지며 [5] (사람이 자기 집을 다스릴 줄 알지 못하면 어찌 하나님의 교회를 돌
> 보리요)

4-5절: 감독은 자기 집을 잘 다스리는 자여야 한다. 좋은 가정을 이루는
것은 참된 기독교인임을 입증한다. 나아가서 가정을 잘 다스리는 것은 견
실한 사역을 위한 기초가 된다. 바울은 가정을 '다스리다'에 해당하는 동
사 프로이스테미를 나중에 장로가 교회를 '다스리다'에 해당하는 동사로

---

45) 초기 기독교회의 나그네 대접에 대하여, Amy G. Oden, ed. *And You Welcomed Me: A Sourcebook on Hospitality in Early Christianity*, Nashville: Abingdon Press, 2003을 보라.

사용함으로써 이것을 보여준다(참고. 17절; 롬 12:8; 살전 5:12).[46] 감독은 또한 자녀들을 잘 가르쳐야 하는데, 지도자의 자격은 그의 자녀들의 행동을 통해서 드러난다. 즉 자녀들이 아버지에게서 선한 영향을 받아 아버지를 존경하며 아버지에게 공손함으로 순종하는지를 보면 그의 진정한 모습을 볼 수 있다. 실로 자기 집을 다스리지 못하는 자는 하나님의 교회를 돌보지 못한다.

6–7절 | 성숙한 자

> [6] 새로 입교한 자도 말지니 교만하여져서 마귀를 정죄하는 그 정죄에 빠질까 함이요 [7] 또한 외인에게서도 선한 증거를 얻은 자라야 할지니 비방과 마귀의 올무에 빠질까 염려하라

6-7절: 새로 입교한 자가 감독이 되어서는 안 된다. 이는 그러한 자가 교만하여져서 정죄에 빠질 수 있기 때문이다. 새로 입교한 자들이 아무리 유능하고 훌륭하더라도 신앙의 뿌리가 깊지 않으면 흔들릴 수 있고 따라서 영혼을 돌보는 막중한 사명을 맡을 수 없다. 감독이 되기 위해서는 어느 정도 신앙의 연륜이 필요하다. 그리고 감독은 외인에게서도 선한 증거를 얻은 자여야 한다(참고. 골 4:5; 살전 4:12). 이는 믿지 않는 사람들에게서도 인정을 받는 자여야 한다는 뜻이다. 감독은 평소에 덕을 쌓아서 비방과 마귀의 올무에 빠지지 않게 해야 한다(참고. 딤전 5:7-8, 14; 6:1; 딛 2:5, 8). 그리하여 평온하게 사람들을 다스릴 수 있어야 한다.[47]

---

46) Donald Guthrie, 82.

47) 참고. B. A. Campbell, *The Elders: Seniority within Earliest Christianity*, Edinburgh: T. & T. Clark, 1994.

3:8-13 집사의 자격

> 8 이와 같이 집사들도 정중하고 일구이언을 하지 아니하고 술에 인박히지
> 아니하고 더러운 이를 탐하지 아니하고 9 깨끗한 양심에 믿음의 비밀을 가
> 진 자라야 할지니 10 이에 이 사람들을 먼저 시험하여 보고 그 후에 책망할
> 것이 없으면 집사의 직분을 맡게 할 것이요 11 여자들도 이와 같이 정숙하
> 고 모함하지 아니하며 절제하며 모든 일에 충성된 자라야 할지니라 12 집사
> 들은 한 아내의 남편이 되어 자녀와 자기 집을 잘 다스리는 자일지니 13 집
> 사의 직분을 잘한 자들은 아름다운 지위와 그리스도 예수 안에 있는 믿음에
> 큰 담력을 얻느니라

앞에서 감독의 자격에 대하여 말한 바울은 이제 집사의 자격에 대하여
말한다. 집사의 자격은 감독의 자격과 크게 다르지 않지만 가르치기를 잘
하는 것이 생략되어 있고 물질에 대한 깨끗한 태도가 추가되어 있다. 이는
집사의 주요 직무가 교회의 물질을 사용하여 어려운 사람들을 돕는 일이
기 때문이다.

8-10절 | 일반적인 자격

> 8 이와 같이 집사들도 정중하고 일구이언을 하지 아니하고 술에 인박히지
> 아니하고 더러운 이를 탐하지 아니하고 9 깨끗한 양심에 믿음의 비밀을 가
> 진 자라야 할지니 10 이에 이 사람들을 먼저 시험하여 보고 그 후에 책망할
> 것이 없으면 집사의 직분을 맡게 할 것이요

8절: '이와 같이'는 집사의 자격과 감독의 자격이 별로 다르지 않다는
것을 함의한다. 집사는 정중하고 일구이언을 하지 아니하고 술에 인박히
지 아니하여야 한다. 술에 인박히는 것(indulging in much wine)은 감독에게도
언급된 말이다(참고. 3절). 술에 인박히면 자신을 통제하지 못하고 흐트러지

게 된다. 집사는 더러운 이익(dishonest gain)을 탐하지 않아야 하는데, 이는
집사의 주요 임무가 교회의 재정을 가지고 가난한 사람들을 돌보는 것이
기 때문이다. 즉 집사는 물질을 다루는 자이기 때문에 물질 문제에 있어서
특히 깨끗해야 한다.

9-10절: 집사는 깨끗한 양심에 믿음의 비밀을 가진 자여야 한다. 양심과
믿음은 밀접하게 연관되어 있다(참고. 1:5). 믿음이 좋은 사람은 양심이 깨끗
한 사람이다. 믿음과 윤리는 다르지 않으며 동전의 양면과 같다. '믿음의
비밀'(mystery of faith)이라는 용어는 하나님의 구원의 복음이 오랫동안 감추
어졌다가 이제 나타난 것을 암시하는데(참고. 엡 3:9; 롬 16:25), 특히 바울의 가
르침에서(참고. 고전 2:7; 엡 6:19) 나타난 것을 암시한다.[48) 교회는 사람들을
먼저 시험하여 보고 책망할 것이 없으면 집사로 세워야 한다. 아무나 집사
로 세우면 도움이 되기는커녕 오히려 혼란이 오기 때문이다.

11절 | 여자들을 향한 교훈

11 여자들도 이와 같이 정숙하고 모함하지 아니하며 절제하며 모든 일에 충
성된 자라야 할지니라

11절: 바울은 집사들에 대하여 말하다가 잠시 멈추고 '여자들'에 대하
여 말한다. 여기서 바울이 말하는 '여자들'이 누구인지 분명하지 않다. 여
자들에 해당하는 헬라어 귀나이코스는 여자들 혹은 아내들을 의미하기 때
문에 이들은 집사들의 부인들일 수도 있고(NIV에서 처럼) 남자 집사들과 비
슷한 일을 하는 여자들일 수도 있다. 학자들은 이들의 정체를 밝혀내려고

---

48) Benjamin Fiore, S. J., 81.

노력했지만 결론을 내리지 못하였다.[49] 여자들은 8절의 집사들처럼 정숙하고(셈노스, '단정하고') 모함하지 아니하며, 2절의 감독들처럼 절제하며 (네팔리오스), 모든 일에 충성된 자라야 한다.[50] 즉 그들은 감독들이나 집사들과 비슷한 자격을 갖추어야 한다.[51]

12절 | 가정을 잘 다스림

12 집사들은 한 아내의 남편이 되어 자녀와 자기 집을 잘 다스리는 자일 지니

12절: 바울은 계속해서 집사들에 대하여 말한다. 집사들은 한 아내의 남편이 되어 자녀와 자기 집을 잘 다스려야 한다. 이는 감독들에게 주어진 자격과 같다(참고. 2절). 집사가 결혼한 자로서 한 아내의 남편이어야 한다는 말은 당시에 성적인 방탕이 자연스럽게 용인되었던 사회적인 분위기에서 상당히 반향적인 언급이다. 집사들은 자녀와 자기 집을 잘 다스리는 자들이어야 한다. 자기 집을 잘 다스리는 사람이 교회를 잘 다스릴 수 있다. 이는 교회와 가정이 밀접한 관계를 가지고 있기 때문일 뿐만 아니라 작은 무리의 사람들을 다스릴 줄 아는 자가 큰 무리의 사람들을 다스릴 줄 알기 때문이다.

---

49) 여자들이 누구를 가리키는지는 분명하지 않지만 적어도 이 구절을 근거로 하여 여자 집사의 정당성 여부를 논하는 것은 적절하지 않다.

50) John Stott, 135.

51) 초기 기독교회는 여자들의 도움을 많이 받았다. 특히 바울이 세운 교회들에서 여자들은 매우 중요한 역할을 담당했다. 브리스가는 뛰어난 성경교사였고(롬 16:3; 고전 16:9; 행 18:2, 18. 26), 루디아는 빌립보 교회를 설립하는 데 큰 공을 세웠다(행 16:4, 40). 그 외에도 글로에(고전 1:11), 뵈베(롬 16:1), 유오디아와 순두게(빌 4:2), 그리고 압비아(몬 2) 등이 교회를 이끌었다. 참고. Ben Witherington III, *Women in the Earliest Churches*, SNTSMS 59, Cambridge: Cambridge University Press, 1988.

13절 | 두 가지 보상

> ¹³ 집사의 직분을 잘한 자들은 아름다운 지위와 그리스도 예수 안에 있는 믿음에 큰 담력을 얻느니라

13절: 바울은 집사의 직무를 잘 감당한 자들이 두 가지 보상을 받게 될 것이라고 말한다. 물론 감독의 직무를 잘 감당한 자들에게도 이에 못지않은 보상이 있을 것이다. 먼저 그들은 '아름다운 지위'(good standing)를 얻을 것이다. 이것은 사람들의 존경과 감사를 의미한다. 다음으로 그들은 믿음에 '큰 담력'(great assurance)을 얻을 것이다. 이것은 주님의 일을 하면서 주님과 사람들 앞에서 담대하게 말하고 행동하는 것, 즉 강하고 담대한 믿음을 의미한다. 이 두 가지 보상은 세상이 주는 것과 다르다. 오히려 반대이다. 세상에서는 집사의 직무를 잘 감당한 자들이 손해를 보고 때로 비방을 당하기도 하지만 하나님께서는 그들에게 세상이 줄 수 없는 특별한 상을 주신다.

3:14-16 편지를 쓴 목적과 송영

> ¹⁴ 내가 속히 네게 가기를 바라나 이것을 네게 쓰는 것은 ¹⁵ 만일 내가 지체하면 너로 하여금 하나님의 집에서 어떻게 행하여야 할지를 알게 하려 함이니 이 집은 살아 계신 하나님의 교회요 진리의 기둥과 터니라 ¹⁶ 크도다 경건의 비밀이여, 그렇지 않다 하는 이 없도다 그는 육신으로 나타난 바 되시고 영으로 의롭다 하심을 받으시고 천사들에게 보이시고 만국에서 전파되시고 세상에서 믿은 바 되시고 영광 가운데서 올려지셨느니라

바울은 이 단락에서 지금까지 하던 말을 잠시 멈추고 다른 내용을 말한다. 여기서 그는 편지를 쓴 목적을 밝히고 예수 그리스도를 찬송한다. 이 것은 지금까지의 논의와 앞으로의 논의를 바른 관점에서 이해하도록 돕는

역할을 한다. 즉 이것은 바울의 말을 디모데가 어떻게 이해하고 받아들여야 하는지를 가르쳐준다.

14-15절 | 편지를 쓴 목적

> **14** 내가 속히 네게 가기를 바라나 이것을 네게 쓰는 것은 **15** 만일 내가 지체하면 너로 하여금 하나님의 집에서 어떻게 행하여야 할지를 알게 하려 함이니 이 집은 살아 계신 하나님의 교회요 진리의 기둥과 터니라

14-15절: 바울은 이 편지를 쓴 목적을 밝힌다. 바울은 디모데가 목회하고 있는 에베소에 가서 그곳의 문제를 바로 잡으려고 하였다(참고. 4:13). 그러나 상황이 여의치 않았다. 그리하여 그는 에베소를 방문하는 것이 지체될 가능성이 있음을 알고 먼저 이 편지를 보내어 디모데가 교회에서 어떻게 행하여야 할지를 가르치고자 하였다. 여기서 바울은 교회를 설명할 때 건축 이미지(architectural metaphor)를 사용한다(참고. 엡 2:19-21; 참고. 고전 3:16-17; 고후 6:16).[52] 그는 교회를 '하나님의 집'이요 '진리의 기둥과 터'라고 표현한다. 이것은 교회의 구성원들이 하나님의 가정에 속한 가족들(the family of God)임을 전제한다.

16절 | 송영

> **16** 크도다 경건의 비밀이여, 그렇지 않다 하는 이 없도다 그는 육신으로 나타난 바 되시고 영으로 의롭다 하심을 받으시고 천사들에게 보이시고 만국에서 전파되시고 세상에서 믿은 바 되시고 영광 가운데서 올려지셨느니라

16절: 바울은 마지막으로 예수 그리스도에 대해서 말한다. 이것은 직분

---

52) 참고. David J. Williams, *Paul's Metaphors: Their Context and Character*, Peabody: Hendrickson, 1999.

에 대한 언급과 연관되는데, 직분을 수행하는 목적이 예수 그리스도께 찬송과 영광을 돌리는 것이기 때문이다. '크도다 경건의 비밀이여' 라는 표현은 경건이 감추어진 큰 비밀인데, 이 비밀이 예수 그리스도를 통하여 드러났다는 것을 의미한다. 예수님은 경건의 본질이시며 비밀의 내용이시다. 바울은 이어서 여섯 운율을 가진 찬송 단편(hymn fragment)을 언급한다. 이 찬송은 예수 그리스도의 탄생과 생애와 승귀를 노래한다. 이 찬송을 운율에 따라 나누면 다음과 같다.[53)]

> 그는 육신으로 나타난 바 되시고(He appeared in a body) - 선재성과 성육신
>> 영으로 의롭다 하심을 받으시고(was vindicated by the Spirit) - 부활과 승천
>> 천사들에게 보이시고(was seen by angels) - 하늘의 존재들에게서 영광을 받으심
>> 만국에서 전파되시고(was preached among the nations) - 복음의 전파
>> 세상에서 믿은 바 되시고(was believed on in the world) - 교회의 탄생
>> 영광 가운데서 올려지셨느니라(was taken up in glory) - 승귀

4:1-10 바른 교훈 위에 서야 함

1 그러나 성령이 밝히 말씀하시기를 후일에 어떤 사람들이 믿음에서 떠나 미혹하는 영과 귀신의 가르침을 따르리라 하셨으니 2 자기 양심이 화인을 맞아서 외식함으로 거짓말하는 자들이라 3 혼인을 금하고 어떤 음식물은 먹지 말라고 할 터이나 음식물은 하나님이 지으신 바니 믿는 자들과 진리를 아는 자들이 감사함으로 받을 것이니라 4 하나님께서 지으신 모든 것이 선하매 감사함으로 받으면 버릴 것이 없나니 5 하나님의 말씀과 기도로 거룩하여짐이라 6 네가 이것으로 형제를 깨우치면 그리스도 예수의 좋은 일꾼

53) 참고. Robert H. Gundry, "The Form, Meaning and Background of the Hymn Quoted in 1 Timothy 3:16," in W. Ward Gasque P. Martin (eds.), *Apostolic History and the Gospel: Biblical and Historical Essays Presented to F. F. Bruce on His 60th Birthday*, Grand Rapids: Eerdmans, 1970, 203-22; G. W. H. Lampe, "The Evidence in the New Testament for Early Creeds, Catechisms and Liturgy," *ExpTim* 71 (1960): 359-63.

이 되어 믿음의 말씀과 네가 따르는 좋은 교훈으로 양육을 받으리라 7 망령
되고 허탄한 신화를 버리고 경건에 이르도록 네 자신을 연단하라 8 육체의
연단은 약간의 유익이 있으나 경건은 범사에 유익하니 금생과 내생에 약속
이 있느니라 9 미쁘다 이 말이여 모든 사람들이 받을 만하도다 10 이를 위하
여 우리가 수고하고 힘쓰는 것은 우리 소망을 살아 계신 하나님께 둠이니
곧 모든 사람 특히 믿는 자들의 구주시라

이 단락에서 바울은 다시금 거짓 교사들의 거짓 가르침에 주의할 것을
촉구한다. 거짓 교사들은 양심이 화인을 맞아서 외식함으로 거짓말을 하
는 자들이다. 그들을 용인하는 것은 큰 위험을 자초하는 일이다. 그러므로
그들의 실체와 가르침을 알고 단호히 물리쳐야 한다.

1-2절 | 거짓 교사들의 실체

**1 그러나 성령이 밝히 말씀하시기를 후일에 어떤 사람들이 믿음에서 떠나
미혹하는 영과 귀신의 가르침을 따르리라 하셨으니 2 자기 양심이 화인을
맞아서 외식함으로 거짓말하는 자들이라**

1절: '성령이 밝히 말씀하시기를'(the Spirit expressly says)이라는 표현이 무
엇을 의미하는지 분명하지 않다. 바울은 예수님의 가르침과 다른 사도들
의 가르침을 직간접적으로 접했을 것이다. 그리고 그는 성령님으로부터
미래에 될 일들을 들었을 것이다(참고. 행 20:29; 살후 2:1-12).[54] '후일에'(in later
times)는 디모데후서 3:1에 있는 '말세에'(in the last days)와 같은 단어로서 종
말론적인 함의를 가진다. 후일이나 말세는 예수님의 초림으로 시작되고
재림으로 완성된다(참고. 행 2;17; 고전 10:11; 히 1:2).[55] '미혹하는 영과 귀신의

---

54) 목회서신에서 성령에 대한 언급은 디모데후서 1:7과 1:14, 그리고 디도서 3:5에 나온
다. 성령의 계시(예언) 사역은 디모데전서 1:18, 4:14, 그리고 디도서 1:12에 나온다.

55) John Stott, 148.

가르침' 은 거짓 교사들이 전하는 거짓 교훈을 의미한다. 종말의 현상 중 하나가 이단들의 등장이다(참고. 벧전 3:3).

2절: 거짓 교사들은 양심이 화인을 맞아서 외식함으로 거짓말을 하는 자들이다. '화인을 맞아서' 에 해당하는 동사 *카우스테리아조*는 불에 단 인두(hot iron)로 지지는 것을 의미한다. 이것은 고대에 마취를 위하여 피부 나 상처의 신경을 마비시킬 때 사용한 방식이다. 따라서 이 말은 거짓 교 사들이 사람들의 양심을 마비시킨 것을 가리킨다.[56] 거짓 교사들이 양심 에 화인을 맞은 것은 바른 교훈에 서 있는 자들이 선한 양심을 가지고 있는 것과 대조되고(참고. 1:5), 그들이 거짓말을 하는 것은 바울이 참말을 하고 거짓말을 하지 않는 것과 대조된다(참고. 2:7). 거짓 교사들은 자신들의 양심 이 화인을 맞았을 뿐만 아니라 거짓 교훈을 퍼뜨려서 다른 사람들의 양심 도 화인을 맞게 한다. 양심이 화인을 맞으면 양심이 마비되어서 옳고 그른 것을 분별하지 못하게 된다. 그리하여 진리를 모르고 구원에 이르지 못하 게 된다(참고. 2:4).

3-5절 │ 거짓 교사들의 교훈

> [3] 혼인을 금하고 어떤 음식물은 먹지 말라고 할 터이나 음식물은 하나님이 지으신 바니 믿는 자들과 진리를 아는 자들이 감사함으로 받을 것이니라 [4] 하나님께서 지으신 모든 것이 선하매 감사함으로 받으면 버릴 것이 없나 니 [5] 하나님의 말씀과 기도로 거룩하여짐이라

3절: 바울은 거짓 교사들의 가르침을 대략적으로 언급한다. 그들은 혼 인을 금한다. 이것은 영지주의적 금욕주의에서 비롯된 것이다. 그들은 혼

---

56) John Stott, 151.

인이 영혼을 육신 안에 계속해서 가두는 계기를 만든다고 보았다. 그들은 또한 특정한 음식물을 금한다. 이것은 유대주의적 율법주의에서 비롯된 것이다. 그들은 구약의 음식 규례가 지금도 계속해서 유지되어야 한다고 보았다.[57] 그러므로 에베소의 거짓 교사들은 유대주의자, 헬라주의자, 그리고 초기 영지주의자들의 사상을 모두 가지고 있었던 것으로 추정된다(참고. 1:4의 주해).

4절: 바울은 하나님께서 지으신 모든 것이 선하기에 감사함으로 받으면 버릴 것이 없다고 말한다(참고. 막 7:19). 이것은 하나님께서 원래 모든 피조물을 선하게 만드셨다는 말씀을 전제한다(참고. 창 1:12, 21, 25, 31). 에베소의 거짓 교사들인 영지주의적 금욕주의자들은 하나님의 창조물에 대하여 비관적인 이원론(pessimistic dualism)을 고수하였다.[58] 그러나 바울은 하나님께서 친히 평가하셨던 대로 모든 창조물을 선하게 본다. 이러한 관점은 모든 음식물을 먹어도 된다는 사실과 혼인이 아무런 문제가 없다는 사실을 내포한다.

5절: 바울은 '하나님의 말씀과 기도로 거룩하여짐이라' 라고 말한다. 말씀은 하나님께서 사람에게 주시는 것이고 기도는 사람이 하나님께 올려드리는 것이다. 그러므로 말씀과 기도는 하나님과 사람의 교제(대화, 교통)를 의미한다. 하나님께서는 말씀으로 만물을 창조하셨고 말씀으로 자신을 계시하셨다. 사람은 기도로 하나님께서 하신 말씀의 뜻을 깨달으며 하나님께서 말씀으로 창조하신 세상의 실체를 되새긴다. 말씀을 받아들이고 기도에 힘쓰는 사람은 거짓 교훈에 넘어가지 않고 점점 거룩하여진다.

---

57) 바울 서신에서 이러한 주제들은 매우 중요하게 변증적으로 다루어진다(예. 롬 14; 고전 7:25-35; 8:1-10:33; 골 2:16-23).

58) Benjamin Fiore, S. J., 91.

6-10절 | 말씀으로 형제를 깨우침

> 6 네가 이것으로 형제를 깨우치면 그리스도 예수의 좋은 일꾼이 되어 믿음
> 의 말씀과 네가 따르는 좋은 교훈으로 양육을 받으리라 7 망령되고 허탄한
> 신화를 버리고 경건에 이르도록 네 자신을 연단하라 8 육체의 연단은 약간
> 의 유익이 있으나 경건은 범사에 유익하니 금생과 내생에 약속이 있느니라
> 9 미쁘다 이 말이여 모든 사람들이 받을 만하도다 10 이를 위하여 우리가 수
> 고하고 힘쓰는 것은 우리 소망을 살아 계신 하나님께 둠이니 곧 모든 사람
> 특히 믿는 자들의 구주시라

6절: 바울은 디모데가 '이것' 으로 형제를 깨우치기를 기대한다. '이것' (타우타)은 '이 교훈들'(these instructions)로서 일차적으로 디모데전서를 의미하지만(참고. 3:14; 4:15; 5:7; 6:2b) 궁극적으로 하나님의 모든 말씀을 가리킨다. 거짓 교사들은 거짓 가르침을 전했으나 디모데는 바울로부터 전수받은 바른 가르침(성경)을 전해야 한다. 디모데가 말씀을 가르쳐서 그들을 깨우치면 그는 그리스도 예수의 좋은 일꾼이 되어서 그가 따랐던 믿음의 말씀과 좋은 교훈으로 양육을 받을 것이다. 즉 그는 말씀을 통해서 더 좋은 일꾼으로 성장할 것이다.

7절: 바울은 '망령되고 허탄한 신화' 를 버리라고 명령한다(참고. 딤후 4:4; 딛 1:14). '망령되고 허탄한 신화' 는 터무니없는 미신적인 이야기들이다. 이것은 거짓 교사들의 관심거리였다. 바울은 오히려 '경건에 이르도록 네 자신을 연단하라' 라고 말한다. 이것은 운동선수 은유이다(참고. 딤후 2:5; 4:7-8; 고전 9:24-27).[59] 경건이 증진되려면 연단(훈련)이 필요하다. 연단은 헬라어로 *귐나제*라고 하는데 이 단어에서 '경기장' 을 뜻하는 영어 gymnasium이 나왔다. 운동을 잘하는 것이 저절로 되지 않듯이 훌륭한 경건은 저절로 이

---

59) Donald Guthrie, 95를 보라.

루어지지 않는다. 경건을 위하여 열심히 훈련해야 한다.

8절: 운동선수 은유가 확장된다. 바울은 육체의 연단(physical training)이라는 소재를 가지고 경건의 연단을 설명한다. 육체의 연단은 약간의 유익이 있다. 이는 바울이 육체의 연단을 인정하고 있다는 뜻이다. 그는 분명히 헬라적 이원론주의자가 아니다. 그런데 경건은 범사에 유익하며 금생과 내생에 약속이 있다. 바울은 튼튼한 육체를 중요하게 여기지만 훌륭한 경건을 더욱 중요하게 여긴다. 실로 육체를 훈련하는 것은 이 세상에서 사는 동안에만 유익하지만 경건을 훈련하는 것은 이 세상에서 뿐만 아니라 내세(오는 세상)에서도 가치를 지닌다.

9-10절: '미쁘다 이 말이여'(this is a trustworthy saying)라는 표현은 다른 성경에는 나오지 않고 오직 목회서신에만 다섯 번 나온다(참고. 1:15; 3:1; 딤후 2:11; 딛 3:8).[60] '모든 사람이 받을 만하도다' 라는 표현은 모든 사람이 반드시 받아들여야 한다는 뜻이다. '이를 위하여 우리가 수고하고 힘쓰는 것은' 이라는 표현은 경건에 이르기 위하여 훈련하는 것을 의미한다. 바울은 복음을 전하는 사역을 묘사할 때 '우리가 수고하고 힘쓰는 것' 이라는 표현을 종종 사용했다(예. 5:17; 롬 16:6, 12; 고전 15:10; 16:16; 갈 4:11; 엡 4:28). '우리 소망을 살아계신 하나님께 둠이니' 에서 '두다' (엘피카멘, we have placed)라는 단어는 완료시제로서 결과가 계속됨을 뜻한다.[61]

4:11-16 좋은 일꾼이 되어야 함

11 너는 이것들을 명하고 가르치라 12 누구든지 네 연소함을 업신여기지 못

---

60) 참고. George W. Knight III, 1979.
61) '소망' 이라는 단어는 특히 디도서에 자주 나온다(예. 딛 1:2; 2:13; 3:7).

하게 하고 오직 말과 행실과 사랑과 믿음과 정절에 있어서 믿는 자에게 본
이 되어 ¹³ 내가 이를 때까지 읽는 것과 권하는 것과 가르치는 것에 전념하
라 ¹⁴ 네 속에 있는 은사 곧 장로의 회에서 안수 받을 때에 예언을 통하여 받
은 것을 가볍게 여기지 말며 ¹⁵ 이 모든 일에 전심 전력하여 너의 성숙함을
모든 사람에게 나타나게 하라 ¹⁶ 네가 네 자신과 가르침을 살펴 이 일을 계
속하라 이것을 행함으로 네 자신과 네게 듣는 자를 구원하리라

바울은 디모데가 좋은 일꾼이 되기를 기대한다. 그는 디모데에게 경건
에 이르도록 훈련하라고 당부하고 선한 행실과 말씀 사역에 힘쓰라고 권
면한다. 그는 이러한 삶의 노력을 통해 하나님께서 일하실 것이라고 말
한다.

11-14절 | 선한 행실과 말씀 사역

¹¹ 너는 이것들을 명하고 가르치라 ¹² 누구든지 네 연소함을 업신여기지 못
하게 하고 오직 말과 행실과 사랑과 믿음과 정절에 있어서 믿는 자에게 본
이 되어 ¹³ 내가 이를 때까지 읽는 것과 권하는 것과 가르치는 것에 전념하
라 ¹⁴ 네 속에 있는 은사 곧 장로의 회에서 안수 받을 때에 예언을 통하여 받
은 것을 가볍게 여기지 말며

11절: '이것들'(타우타)은 이 서신에 여덟 번 나오는데(참고. 3:14; 4:6, 11,
15; 5:7, 21; 6:2, 11), 일차적으로 바울의 가르침을 가리키지만 나아가서 하나
님의 말씀인 성경을 가리킨다. 바울은 6절에서처럼 여기서도 말씀을 명
하고 가르치라고 권면한다. 이는 디모데의 주요 임무가 말씀을 가르치는
것이기 때문이다. 어떤 면에서 디모데는 말씀을 잘 가르치기 위하여 자신
을 개발해야 한다. 그는 말씀으로 훈련을 받아야 하고(6절), 경건에 이르도
록 연단해야 하고(7절), 믿는 자에게 본이 되어야 하며(12절), 말씀을 가르
치는 것에 전념해야 하고(13절), 모든 일에 전심전력하여 성숙함을 보여야

한다(15절).[62]

12절: 당시 사람들은 젊은 사람들을 존중하지 않았다. 따라서 디모데는 젊었기 때문에 사람들에게서 존중을 받기보다는 오히려 업신여김을 받기 쉬웠을 것이다. 디모데의 나이는 '젊다'(네오테스)라는 단어의 용법과 사도행전 16:1에서 시작되는 연대기를 근거로 추정할 때 아마도 20대 후반에서 30대 중반 사이였을 것이다. 이는 당시의 사회적 정황을 고려할 때 지도자로서는 젊은 나이에 속한다. 따라서 바울은 디모데에게 '말과 행실과 사랑과 믿음과 정절에 있어서 본이 되어야 한다'고 권면한다(참고. 딤후 1:13). 디모데는 이로써 자신의 권위를 드러내어야 한다.

13절: 바울은 디모데에게 자신이 에베소를 방문할 때까지 말씀을 가르치는 일에 전념하라고 당부한다. 그는 말씀을 가르치는 것을 '읽는 것'과 '권하는 것'과 '가르치는 것'이라고 표현한다. '읽는 것'은 성경 본문 자체를 읽는 것이다. 소리를 크게 내어서 성경을 읽는 것은 유대의 방식인데 초기 기독교에 그대로 적용되었다(참고. 출 24:7; 신 31:11; 수 8:35; 왕하 23:2; 느 8:7-8; 눅 4:16; 행 13:15, 27; 15:21; 고후 3:14; 골 4:16 등). '권하는 것'은 설교나 선포나 권면을 의미한다. '가르치는 것'은 자세히 풀어서 설명하는 것으로 '권하는 것'과 유사하다.

14절: 디모데가 가볍게 여기지 말아야 할 것은 그에게 주어진 '은사'이다. 여기서 '은사'(카리스마, gift)는 직분을 의미한다. '장로의 회'(프레스뷔테리온, assembly of elders)는 신약성경에서 매우 독특한 표현으로 장로들(감독들)의 공적인 모임이다.[63] '안수'(에피떼시스, laying on)는 직분을 수여하는 의식

62) Benjamin Fiore, S. J., 94.

63) Benjamin Fiore, S. J., 97.

이다(딤후 1:6; 참고. 창 48:14; 행 13:2). 사도행전에는 안수를 할 때에 성령께서 임하신 일이 언급되어 있다(참고. 행 8:17; 9:17; 19:6).[64] 안수 받을 때에 '예언을 통하여' 받았다는 것은 하나님의 계시(허락)에 따라 받았다는 뜻이다. '가볍게 여기지 말라' 는 말은 직분에 대한 진중하고 충성된 자세를 의미한다.

15-16절 | 전심전력함

> 15 이 모든 일에 전심 전력하여 너의 성숙함을 모든 사람에게 나타나게 하라 16 네가 네 자신과 가르침을 살펴 이 일을 계속하라 이것을 행함으로 네 자신과 네게 듣는 자를 구원하리라

15절: '이 모든 일' 은 12-13절에 언급된 일이다. 즉 말과 행실과 사랑과 믿음과 정절에 있어서 본이 되는 것, 그리고 말씀을 읽고 권하고 가르치는 일이다. 이것은 사역자의 윤리(삶)와 사역(봉사)이라고 할 수 있다. 전심전력은 운동선수 은유로서 운동선수가 경기를 준비하면서 최선을 다하여 훈련하는 모습을 떠올린다. '성숙함을 모든 사람에게 나타나게 하라' 는 권면은 사역자로서 부지런히 자질을 연마하여 사람들 앞에 결실을 보이라는 뜻이다. 디모데는 자신에게 주어진 직분에 충실하여 최선을 다해 자신을 훈련함으로 실제적인 열매를 보여야 한다.

16절: '네 자신과 가르침을 살펴' 라는 표현은 자신의 행실을 살피고 자신의 사역을 살피라는 뜻이다. 이것은 12절의 선한 행실(practice)과 13절의 말씀 사역(doctrine)을 가리킨다. 디모데는 행실과 말씀 두 가지 모두를 유념해야 한다. '네 자신과 네게 듣는 자들을 구원하리라' 는 표현은 디모데의

---

64) Donald Guthrie, 98.

모범적인 삶과 열정적인 일을 통하여 하나님과 그리스도께서 사람들을 구원하실 수 있는 상황을 마련해 줄 수 있다는 뜻이다.[65] 실로 디모데의 봉사 가운데 하나님께서 일하신다. 그리하여 디모데 자신과 그가 목회하는 청중들의 믿음이 증진된다.

5:1-16 성도들을 대하는 태도

[1] 늙은이를 꾸짖지 말고 권하되 아버지에게 하듯 하며 젊은이에게는 형제에게 하듯 하고 [2] 늙은 여자에게는 어머니에게 하듯 하며 젊은 여자에게는 온전히 깨끗함으로 자매에게 하듯 하라 [3] 참 과부인 과부를 존대하라 [4] 만일 어떤 과부에게 자녀나 손자들이 있거든 그들로 먼저 자기 집에서 효를 행하여 부모에게 보답하기를 배우게 하라 이것이 하나님 앞에 받으실 만한 것이니라 [5] 참 과부로서 외로운 자는 하나님께 소망을 두어 주야로 항상 간구와 기도를 하거니와 [6] 향락을 좋아하는 자는 살았으나 죽었느니라 [7] 네가 또한 이것을 명하여 그들로 책망 받을 것이 없게 하라 [8] 누구든지 자기 친족 특히 자기 가족을 돌보지 아니하면 믿음을 배반한 자요 불신자보다 더 악한 자니라 [9] 과부로 명부에 올릴 자는 나이가 육십이 덜 되지 아니하고 한 남편의 아내였던 자로서 [10] 선한 행실의 증거가 있어 혹은 자녀를 양육하며 혹은 나그네를 대접하며 혹은 성도들의 발을 씻으며 혹은 환난 당한 자들을 구제하며 혹은 모든 선한 일을 행한 자라야 할 것이요 [11] 젊은 과부는 올리지 말지니 이는 정욕으로 그리스도를 배반할 때에 시집 가고자 함이니 [12] 처음 믿음을 저버렸으므로 정죄를 받느니라 [13] 또 그들은 게으름을 익혀 집집으로 돌아 다니고 게으를 뿐 아니라 쓸데없는 말을 하며 일을 만들며 마땅히 아니할 말을 하나니 [14] 그러므로 젊은이는 시집 가서 아이를 낳고 집을 다스리고 대적에게 비방할 기회를 조금도 주지 말기를 원하노라 [15] 이미 사탄에게 돌아간 자들도 있도다 [16] 만일 믿는 여자에게 과부 친척이 있거든 자기가 도와 주고 교회가 짐지지 않게 하라 이는 참 과부를 도와 주게 하려 함이라

---

65) Benjamin Fiore, S. J., 98.

바울은 디모데에게 여러 계층의 성도들을 대하는 태도에 대하여 말한다. 이것은 실질적인 조언이다. 그리고 바울은 교회가 어려운 과부들을 돕는 기준에 대해서 말한다. 사도행전 6장이 보여주듯이 당시에 교회가 과부를 돕는 일은 간단한 문제가 아니었다. 교회는 한정된 물질을 가지고 있었고 어려움을 겪는 과부들은 많았기에 구제의 기준을 신중하게 정해야 했다.

1-2절 │ 여러 계층의 성도들을 대하는 지침

¹ 늙은이를 꾸짖지 말고 권하되 아버지에게 하듯 하며 젊은이에게는 형제에게 하듯 하고 ² 늙은 여자에게는 어머니에게 하듯 하며 젊은 여자에게는 온전히 깨끗함으로 자매에게 하듯 하라

1절: 바울은 네 부류의 사람들을 대하는 지침을 말한다. 먼저, '늙은 이'(프레스뷔테로스, older man)는 문자적으로 '늙은 남자'를 뜻한다.[66] 여기서의 늙은 남자는 공식적인 장로 직분을 받은 사람이 아니라 연령적으로 늙은 남자이다. 따라서 5:17-25의 '장로'(프레스뷔테로스, elder)와 다르다. 디모데는 자기보다 나이가 많은 남자들을 훈계해야 하는 경우가 있었을 것이다. 이에 바울은 늙은 남자를 꾸짖지 말고 권하되 마치 아버지에게 하듯이 하라고 말한다. 두 번째로, '젊은 이'(younger men)는 '젊은 남자'를 가리키는데, 어린 소년에서부터 청장년에 이르는 연령대의 남자이다. 바울은 이들을 대할 때 형제에게 하듯이 하라고 말한다.

2절: 세 번째로, '늙은 여자'는 나이든 여인이다. 이들을 대할 때에는 어머니에게 하듯 해야 한다. 네 번째로, '젊은 여자'에 대해서는 온전히 깨끗

---

66) Donald Guthrie, 100.

함으로 자매에게 하듯 해야 한다. 특히 디모데는 젊은 남자였기에 젊은 여자들을 대할 때 주의해야 했다. 그런데 바울이 여기서 아버지, 형제, 어머니, 그리고 자매에게 하듯 하라고 말하는 것은 초기 기독교의 교회관을 반영한다. 그들은 교회를 단순한 종교 공동체로 여기지 않았고 하나님의 가정(the family of God)으로 여겼다.[67] 이것은 교회에 대하여 사용된 '집'이나 '기둥'과 같은 은유와도 어울린다. 디모데가 여러 부류의 사람들을 정당하고 지혜롭게 대할 때 그들은 디모데의 나이가 비록 연소하지만 그를 무시하지 않고 그의 지도력을 받아들일 것이며 그의 가르침에 순종할 것이다.[68]

3-8절 | 과부들을 대하는 태도

> 3 참 과부인 과부를 존대하라 4 만일 어떤 과부에게 자녀나 손자들이 있거든 그들로 먼저 자기 집에서 효를 행하여 부모에게 보답하기를 배우게 하라 이것이 하나님 앞에 받으실 만한 것이니라 5 참 과부로서 외로운 자는 하나님께 소망을 두어 주야로 항상 간구와 기도를 하거니와 6 향락을 좋아하는 자는 살았으나 죽었느니라 7 네가 또한 이것을 명하여 그들로 책망 받을 것이 없게 하라 8 누구든지 자기 친족 특히 자기 가족을 돌보지 아니하면 믿음을 배반한 자요 불신자보다 더 악한 자니라

3절: 바울은 '참 과부'를 존대하라고 말한다. '참 과부'는 '진짜 과부'(온토스 케라)라는 뜻이다.[69] 고대에 과부는 가장 가난한 부류의 사람들이었

---

67) 참고. David C. Verner, *Household of God: The Social World of the Pastoral Epistles*, SBLDS 71, Chico: Scholars Press, 1983, 161-66, 134-39.

68) John Stott, 172.

69) '참 과부'에 해당하는 헬라어 온토스 케라를 영어성경 NRSV와 ESV는 직역하여 'who are truly widows' (진짜 과부)라고 번역하였지만, NIV는 의역하여 'who are really in need' (참으로 도움이 필요한 과부)라고 번역하였다.

다. 그들은 다른 사람들의 도움이 없이 살아갈 수 없었다. 따라서 구약시대에 과부는 보호를 받았다(참고. 출 22:21-22; 신 10:18; 24:17; 시 68:5; 슥 7:10). 그리고 초기 기독교에서도 과부는 교회로부터 물질적인 도움을 얻었다(참고. 행 6:1; 9:36, 39, 41; 참고. 약 1:27). 바울은 그러한 과부들을 '존대하라'고 말한다. 이는 그들이 실질적인 도움을 얻을 수 있도록 배려하라는 뜻이다.[70]

4절: 과부들 중에서 자녀나 손자가 있으면 그들이 먼저 자기 집에서 어머니에게 효를 행해야 한다. 즉 자녀들이 부모에게 재정적인 도움을 주어야 한다. 이것은 하나님 앞에서 받으실 만한 것이다. 따라서 바울은 부모를 섬기는 행위를 사회적인 차원이 아니라 종교적인 차원으로 여긴다. 돌보아 줄 가족이 있는 과부에게는 교회가 도움을 줄 필요가 없다. 그들은 자기 가족들로부터 필요를 공급받으면 된다. 교회는 한정된 자원을 가지고 있기 때문에 진정으로 돌보아 줄 필요가 있는 사람들에게 도움을 주어야 한다.

5절: '참 과부로서 외로운 자'는 보호해 줄 사람(친척이나 이웃)이 전혀 없는 과부이다(참고. 3절). 그들은 세상에 소망을 둘 수 없으니 오로지 하나님께 소망을 두어 주야로 항상 간구와 기도를 해야 한다. '주야'는 헬라어 본문에서 '밤과 낮'(토스 카이 헤메라스)으로 되어 있다. 밤을 먼저 말하는 것은 유대인들의 시간 이해를 반영한다(참고. 살전 2:9; 3:10; 딤후 1:3). 외로운 과부들은 주님께 기도하면서 남은 생애를 보내는 것이 좋다. 이러한 부류의 전형(prototype)이 안나(Anna)이다(눅 2:36-37; 참고. 막 12:42-43; 눅 7:12).[71]

---

70) 참고. Bonnie Bowman Thurston, "1 Timothy 5.3-16 and Leadership of Women in the Early Church," in Amy-Jill Levine with Marianne Blickenstaff (eds.), *A Feminist Companion to the Deutero-Pauline Epistles,* Cleveland: Pilgrim Press, 2003, 159-73.

71) Benjamin Fiore, S. J., 103.

6절: 당시에 어떤 과부들은 향락을 좋아했다. 이 향락은 특히 성적인 향락을 뜻한다(참고. 딤후 3:6). 그들 가운데에는 먹고 살기 위하여 매춘을 하는 이들도 있었다. 바울은 향락을 좋아하는 자들이 살았으나 죽었다고 말한다. 이러한 표현은 바울의 전형적인 역설이다(참고. 롬 7:10, 24).[72] 그런데 여기서 '죽었다'(테뜨네켄)에 해당하는 헬라어 단어의 시제가 완료형이다. 이것은 과거의 행동이 현재에도 계속되는 것을 뜻한다. 바울은 외로운 과부들이 처해 있는 어려운 형편으로 인하여 자칫 타락해질 수 있는 것을 다소 강한 어조로 경계한다.

7절: 바울은 디모데에게 '이것들을 명하라'(타우타 파랑겔레, give these commands)라고 말한다. 이 표현은 목회서신에서 반복하여 나온다(참고. 4:11; 6:13; 딤후 3:4). 디모데는 바울이 자신에게 전수해 준 가르침을 사람들에게 명해야 한다. 특히 그는 자칫 죄에 빠질 수 있는 참 과부들에게 바른 지침을 주어야 한다. '책망 받을 것이 없게 하라'는 말은 감독들에게 요구되었던 것인데(참고. 3:2), 여기서 과부들에게 요구된다. 이것은 원만한 사람이 되라는 뜻이다. 사실 책망 받을 것이 없어야 한다는 것은 모든 신자들에게 요구되는 일반적인 덕목이다.

8절: 신자들에게는 자기의 친족들과 가족들을 돌보아야 할 책임이 있다. 신자들은 특히 자기의 부모를 공경해야 한다. 부모 공경은 하나님께서 네 번째 계명으로 주신 것인데, 예수님(참고. 막 7:10)과 바울(참고. 엡 6:1-3)이 강조하였다. 바울은 주님을 믿는다고 하면서 행위가 뒷받침되지 않는 것을 용인하지 않는다. 그는 누구든지 자기 가족을 돌보지 않으면 믿음을 배반한 자요 불신자보다 더 악한 자라고 강하게 말한다(참고. 딤후 3:13). 그는 말로는 믿는다고 하지만 행위로는 부인하는 자들을 비난한다(참고. 딛 1:16).

---

72) Donald Guthrie, 101.

9–15절 | 도와줄 과부들을 선정하는 기준

> ⁹ 과부로 명부에 올릴 자는 나이가 육십이 덜 되지 아니하고 한 남편의 아
> 내였던 자로서 ¹⁰ 선한 행실의 증거가 있어 혹은 자녀를 양육하며 혹은 나
> 그네를 대접하며 혹은 성도들의 발을 씻으며 혹은 환난 당한 자들을 구제
> 하며 혹은 모든 선한 일을 행한 자라야 할 것이요 ¹¹ 젊은 과부는 올리지 말
> 지니 이는 정욕으로 그리스도를 배반할 때에 시집 가고자 함이니 ¹² 처음
> 믿음을 저버렸으므로 정죄를 받느니라 ¹³ 또 그들은 게으름을 익혀 집집으
> 로 돌아 다니고 게으를 뿐 아니라 쓸데없는 말을 하며 일을 만들며 마땅히
> 아니할 말을 하나니 ¹⁴ 그러므로 젊은이는 시집 가서 아이를 낳고 집을 다
> 스리고 대적에게 비방할 기회를 조금도 주지 말기를 원하노라 ¹⁵ 이미 사탄
> 에게 돌아간 자들도 있도다

9절: 바울은 과부 명부에 이름을 올릴 수 있는 자에 대해서 언급한다.[73]
과부 명부에 이름을 올리는 것은 교회로부터 공적인 도움을 받을 수 있는
대상이 된다는 뜻이다. 그들은 60세가 넘어야 하는데, 이는 당시에 고령자
에 접어드는 연령이 대개 60세였으며 실제로 60세가 넘으면 아무런 일도
할 수 없었기 때문이다. 또한 그들은 한 남편의 아내였던 자여야 한다(참고.
3:2, 12). 이것은 재혼한 자를 뜻하지 않는다. 왜냐하면 바울은 디모데전서
5:14와 고린도전서 7:39에서 재혼을 허용하기 때문이다. 이것은 결혼생활
을 신실하게 했던 자를 뜻한다.

10절: 과부 명부에 이름을 올릴 수 있는 사람은 '선한 행실의 증거'가
있는 자여야 한다. '선한 행실의 증거'란 법정적인 용어인데, 목회서신에
는 법정적인 용어들이 자주 나온다(예. 딤전 5:19; 6:13; 딤후 1:8). 이들은 단지
도울 가족이 없는 가난한 사람이어야 하는 것이 아니라 나아가서 행실에

---

73) 참고. Jouette M. Bassler, "The Widows' Tale-A Fresh Look at 1 Tim 5:3-16," *JBL* 103.1
(1984): 23-41.

있어서 교회 내외적인 인정을 받는 사람이어야 한다. 바울은 이들의 자격을 구체적으로 나열한다. 그들은 자녀를 양육하며 나그네를 대접하며(참고. 3:2; 딛 1:8) 성도들의 발을 씻으며 환난 당한 자들을 구제하며 여러 선한 일들을 행한 자여야 한다(참고. 딤전 2:10; 6:18; 딤후 2:21; 3:17; 딛 2:7, 14).

11절: 젊은 과부는 명부에 올리지 말아야 한다. 왜냐하면 그들이 '정욕으로 그리스도를 배반할 때에 시집가고자' 하기 때문이다. 이것은 젊은 과부들이 재혼하여 새로운 가정을 꾸릴 가능성이 있다는 뜻이다. 젊은 과부가 '정욕으로 그리스도를 배반할 때에 시집가고자 한다'는 표현은 불신자와의 재혼을 의미한다. 당시에 여인은 대체로 남편의 종교를 따랐기 때문에 불신자와 결혼하는 것은 기독교를 포기하는 것과 다를 바 없었다. 한편, 바울은 다른 서신에서 여인들이 그리스도를 영적인 남편으로 모시고 사는 것이 좋다고 권면하였다(참고. 고후 11:2).

12절: '처음 믿음을 저버렸다'는 표현은 서약의 파기를 가리키는 것 같다. 아마도 당시에 젊은 과부들은 과부 명부에 이름을 올릴 때 재혼하지 않고 하나님께만 소망을 두며 살겠다고 서약을 했는데, 그들이 재혼을 함으로써 이 서약을 파기한 것으로 보인다. 특히 그들이 불신자와 재혼함으로써 그리스도에 대한 신앙을 버린 것을 말하는 것 같다. 그들이 정죄를 받는다는 말은 그들의 삶이 결코 나아지지 않는다는 뜻이다. 그들은 그리스도를 버리고 불신자와 재혼하여 더 나은 삶을 꿈꾸지만 실상 그들에게는 행복과 평화와 나아가서 영생이 없다.

13절: 그들은 또한 '게으름을 익힌다.' '게으름을 익힌다'는 것은 그리스도께 충성하며 선한 일에 열심을 내는 것과 대조된다. 그들은 집집으로 돌아다니면서 쓸데없는 말을 하며 일을 만들며 마땅히 아니할 말을 한다.

게으른 과부들의 이러한 부적절한 행실은 거짓 교사들의 것과 유사하다(참고. 딤후 3:6-7). 한편, 당시에 활동하던 도덕 철학자들 가운데 상당수는 여인들이 가사에 충실하지 않는 것에 대해서 비난하였다.[74] 그리고 당시의 사회적인 정서 역시 이러한 여인들에 대해서 비판적이었다.

14-15절: '젊은 이'(younger widows)는 젊은 과부들을 뜻한다. 바울은 젊은 과부들에게 시집가서(재혼) 아이를 낳고 집을 다스리라고 권면한다. 이는 젊은 과부들이 혼자 살면서 죄를 짓는 것보다는 다시 가정을 이루고 사는 것이 좋기 때문이다. 물론 바울의 말 속에는 신자간의 결혼이 전제되어 있다. '대적에게 비방할 기회를 조금도 주지 말라'는 권면은 사탄이 젊은 과부들을 미혹하여 잘못된 처신을 할 기회를 조금도 주지 말라는 뜻이다. '이미 사탄에게 돌아간 자들도 있다'는 말은 당시에 그런 일이 종종 있었음을 보여준다.

16절 │ 참 과부를 도와주어야 함

> 16 만일 믿는 여자에게 과부 친척이 있거든 자기가 도와 주고 교회가 짐지지 않게 하라 이는 참 과부를 도와 주게 하려 함이라

16절: 이 구절은 3-8절과 유사하다. 바울은 만일 믿는 여자에게 과부 친척이 있거든 그들을 도와주어서 교회가 짐지지 않게 하라고 말한다. 이것은 도움을 필요로 하는 참 과부들에 대한 교회의 지원을 확대하기 위한 조처이다. 교회는 한정된 물질을 가지고 많은 사람들을 도와야 하는데 굳이 친척이 있어서 그들로부터 도움을 받을 수 있는 사람들을 돕다보면 정작

---

74) Benjamin Fiore, S. J.는 Musonius(Or. 3.43-44)와 Plutarch(Mor. 508C)의 예를 든다. Benjamin Fiore, S. J., 106을 보라.

도움을 받을 친척이나 이웃이 없는 사람들을('참 과부')을 돕지 못하게 된다. 따라서 바울은 교회가 효과적으로 구제 사역에 임할 수 있도록 이런 지침을 준다.

5:17-25 장로를 대하는 태도

¹⁷ 잘 다스리는 장로들은 배나 존경할 자로 알되 말씀과 가르침에 수고하는 이들에게는 더욱 그리할 것이니라 ¹⁸ 성경에 일렀으되 곡식을 밟아 떠는 소의 입에 망을 씌우지 말라 하였고 또 일꾼이 그 삯을 받는 것은 마땅하다 하였느니라 ¹⁹ 장로에 대한 고발은 두세 증인이 없으면 받지 말 것이요 ²⁰ 범죄한 자들을 모든 사람 앞에서 꾸짖어 나머지 사람들로 두려워하게 하라 ²¹ 하나님과 그리스도 예수와 택하심을 받은 천사들 앞에서 내가 엄히 명하노니 너는 편견이 없이 이것들을 지켜 아무 일도 불공평하게 하지 말며 ²² 아무에게나 경솔히 안수하지 말고 다른 사람의 죄에 간섭하지 말며 네 자신을 지켜 정결하게 하라 ²³ 이제부터는 물만 마시지 말고 네 위장과 자주 나는 병을 위하여는 포도주를 조금씩 쓰라 ²⁴ 어떤 사람들의 죄는 밝히 드러나 먼저 심판에 나아가고 어떤 사람들의 죄는 그 뒤를 따르나니 ²⁵ 이와 같이 선행도 밝히 드러나고 그렇지 아니한 것도 숨길 수 없느니라

앞 단락에서 바울은 여러 계층의 성도들을 대하는 태도에 대해서 말했다. 이제 이 단락에서 바울은 장로를 대하는 태도에 대해서 말한다. 장로는 교회의 지도자이다. 따라서 장로를 세우고 그들을 대하며 그들의 잘못을 꾸짖는 일은 매우 신중해야 한다.

17-18절 | 장로에 대한 존경심

¹⁷ 잘 다스리는 장로들은 배나 존경할 자로 알되 말씀과 가르침에 수고하는 이들에게는 더욱 그리할 것이니라 ¹⁸ 성경에 일렀으되 곡식을 밟아 떠는 소의 입에 망을 씌우지 말라 하였고 또 일꾼이 그 삯을 받는 것은 마땅하다 하였느니라

17절: 바울은 잘 '다스리는 장로들'을 '배나 존경할 자'로 알라고 말한다.[75] '다스리는 장로들'(ruling elders)은 공식적인 직분을 의미하는 것으로 5:1의 '늙은이'와 다르다(참고. 1절의 주해). '배나 존경하라'(double honor)는 말은 많이 존경하라는 뜻이다. 이어서 바울은 '말씀과 가르침에 수고하는 이들'에게는 '더욱 그리하라'고 말한다. 이들은 '가르치는 장로들'(teaching elders)로서 오늘날의 목사들이다. '더욱 그리하라'는 말은 헬라어 원문에서 '특별히'(말리스타, especially) 존경하라는 뜻이다. '수고하다'(코피아오)라는 단어는 교회에서 사역하는 것을 가리킬 때 자주 사용되었다(예. 4:10; 롬 16:12; 고전 15:10; 살전 5:12).

18절: 바울은 성경을 인용함으로써 자기의 주장을 강화한다. 이 구절의 전반부인 '곡식을 밟아 떠는 소의 입에 망을 씌우지 말라'는 말은 신명기 25:4에서 인용한 것이다(참고. 고전 9:9). 이 말은 소의 주인이 소가 일하고 있는 동안 그 곡식을 먹을 수 있도록 허용해 주어야 한다는 뜻이다. 이 구절의 후반부인 '일꾼이 그 삯을 받는 것은 마땅하다'라는 말은 누가복음 10:7에 있는 예수님의 말씀을 인용한 것인데(참고. 마 10:10), 레위기 19:13과 신명기 24:14-15에도 유사한 말씀이 있다(참고. 고전 9:14). 한편, 바울이 예수님의 말씀을 직접적으로 인용했다는 것은 그가 예수님의 말씀을 성경으로 인정했음을 시사한다(참고. 딤후 3:16).[76]

19-21절 | 장로에 대한 재판 규정

> [19] 장로에 대한 고발은 두세 증인이 없으면 받지 말 것이요 [20] 범죄한 자들을 모든 사람 앞에서 꾸짖어 나머지 사람들로 두려워하게 하라 [21] 하나님과

---

75) 참고. William J. Fuller, "Of Elders and Trials in 1 Timothy 5:19-25," *NTS* 29 (1983): 258-63.
76) John Stott, 187-88을 보라.

그리스도 예수와 택하심을 받은 천사들 앞에서 내가 엄히 명하노니 너는 편견이 없이 이것들을 지켜 아무 일도 불공평하게 하지 말며

19-20절: 장로에 대한 재판 규정이 나온다. 장로를 재판하는 일은 신중해야 한다. 이는 그들에 대한 처우가 교회에 큰 영향을 미치기 때문이다. 바울은 장로에 대한 고발을 두세 증인이 없으면 받지 말아야 한다고 충고한다. 증인이 두세 명이어야 하는 것은 유대의 전통인데 신약시대에도 그대로 적용되었다(참고. 신 17:6; 19:15; 마 18:16; 26:60). 바울은 죄를 범한 장로들을 모든 사람들 앞에서 꾸짖어서 나머지 사람들로 두려워하게 하라고 말한다(참고. 딛 1:13; 마 18:15-20). 이는 권징의 선포가 사람들에게 죄에 대한 경각심을 심어주기 때문이다.

21절: 바울은 장로에 대한 판결이 공정해야 한다고 강조하여 말한다. 바울은 '하나님과 그리스도 예수와 천사들 앞에서' 라는 표현을 통하여 교회의 권징을 하늘의 재판으로 간주한다. 그리하여 교회의 결정이 엄중하다는 사실을 드러낸다. 특히 여기서 천사가 나오는 것은 그들이 마지막 심판 때에 참여하기 때문이다(예. 마 25:31; 막 8:38; 눅 9:26; 계 14:10). 물론 이것은 천사의 특별한 지위를 암시하지 않는다. '내가 엄히 명하노니' 는 엄숙함과 진지함을 드러낸다. '편견이 없이 하고 불공평하게 하지 말라' 는 당부는 신명기 19:16-21을 배경으로 한다.

22-25절 │ 장로를 세우는 규정

²² 아무에게나 경솔히 안수하지 말고 다른 사람의 죄에 간섭하지 말며 네 자신을 지켜 정결하게 하라 ²³ 이제부터는 물만 마시지 말고 네 위장과 자주 나는 병을 위하여는 포도주를 조금씩 쓰라 ²⁴ 어떤 사람들의 죄는 밝히 드러나 먼저 심판에 나아가고 어떤 사람들의 죄는 그 뒤를 따르나니 ²⁵ 이

와 같이 선행도 밝히 드러나고 그렇지 아니한 것도 숨길 수 없느니라

22절: 디모데는 아무에게나 경솔히 안수하지 말아야 한다. 안수는 직분을 수여하는 것이므로 이 말은 사람들에게 장로의 직분을 줄 때에 신중해야 한다는 뜻이다(참고. 딤전 4:14; 딤후 1:6). 필시 사람을 먼저 시험하여 보고 책망할 것이 없으면 직분을 맡게 해야 한다(참고. 3:10). '다른 사람의 죄에 간섭하지 말며' 라는 말은 다른 사람의 죄에 간섭하다가 자칫 자신도 그러한 죄에 참여할 수 있기 때문이다. '네 자신을 지켜 정결하게 하라' 는 명령은 매우 중요하다. 지도자 자신이 정결하지 않으면 다른 사람들을 다스릴 수 없다.

23절: 바울은 디모데에게 물만 마시지 말고 위장과 자주 나는 병을 위하여 포도주를 조금씩 마시라고 말한다. 이것은 건강에 신경을 쓰라는 말이다. 디모데는 금욕주의적 사고에 젖어서 오랜 동안 물만 마시면서 금식했던 것으로 보인다. 이 때문에 디모데의 건강이 좋지 않았던 것 같다. 따라서 바울은 디모데에게 물만 마시지 말고 포도주를 조금씩 쓰라고 충고한다. 이것은 치료를 위한 의학적인 목적을 가진 권면이지 포도주를 향락적으로 즐기라는 말이 아니다. 한편, 바울이 물만 먹지 말고 포도주를 조금씩 마시라고 한 것은 거짓 교사들이 주장한 금욕주의에 대한 반박의 차원에서도 이해될 수 있다(참고. 4:1-5).[77]

24-25절: 어떤 사람들의 죄는 밝히 드러나서 먼저 심판을 받고 어떤 사람들의 죄는 나중에 드러나서 나중에 심판을 받는다. 마찬가지로 어떤 사람들의 선행도 밝히 드러나지만 그렇지 않은 것도 숨겨지지는 않는다. 즉 모든 죄와 모든 선행은 언젠가 모두 드러난다. 그러므로 적극적으로 선을

---

77) John Stott, 192를 보라.

행해야 하고 죄를 범하지 말아야 한다. 특히 지도자는 더욱 죄를 피해야 하며 선을 추구해야 한다. 마지막 종말의 날에 예수 그리스도께서 다시 오실 때에 그분은 착한 일을 한 자들에게 보상하실 것이다(참고. 6:11-16; 딤후 4:1; 딛 3:4-7).

6:1-2 종이 상전을 대하는 태도

¹ 무릇 멍에 아래에 있는 종들은 자기 상전들을 범사에 마땅히 공경할 자로 알지니 이는 하나님의 이름과 교훈으로 비방을 받지 않게 하려 함이라 ² 믿는 상전이 있는 자들은 그 상전을 형제라고 가볍게 여기지 말고 더 잘 섬기게 하라 이는 유익을 받는 자들이 믿는 자요 사랑을 받는 자임이라 너는 이것들을 가르치고 권하라

바울은 디모데에게 여러 계층의 성도들을 대하는 태도와 과부들을 대하는 태도와 장로들을 대하는 태도를 말했는데 이제는 또 다른 사회적 관계인 종(노예)들이 상전들을 대하는 태도에 대해서 말한다(참고. 딛 2:9-10).[78] 초기 기독교인의 상당수가 종이었기 때문에 종의 윤리는 신약성경의 중요한 주제들 중 하나가 되었다(참고. 고전 7:21; 엡 6:5-8; 골 3:22-25; 벧전 2:18-25).[79]

1절 | 상전을 공경해야 함

¹ 무릇 멍에 아래에 있는 종들은 자기 상전들을 범사에 마땅히 공경할 자로 알지니 이는 하나님의 이름과 교훈으로 비방을 받지 않게 하려 함이라

---

78) 이 단락을 가지고 바울이 노예 제도를 인정했다고 보는 것은 적절하지 않다. 바울은 당시의 상황을 고려하여 직접적으로 노예 제도 폐지를 말하지 않았을 따름이지 노예 제도를 인정한 것이 아니다.

79) 신약 시대의 종(노예)에 대한 포괄적인 학문적 연구를 위하여, Albert J. Harrill, *Slaves in the New Testament: Literary, Social, and Moral Dimensions*, Minneapolis: Fortress Press, 2006을 참고하라.

1절: 바울은 '멍에 아래에 있는 종들' 이라는 표현을 사용한다. 멍에는 주인이 가축을 통제하기 위하여 사용하는 도구이다. 따라서 이것은 종들이 주인의 통제로 인해 자유롭지 않음을 상징한다.[80] 바울은 종들이 자기 상전들을 범사에 마땅히 공경할 자로 알아야 한다고 말한다.[81] 이는 종들이 상전들을 통하여 생활을 영위하기 때문이다. 그런데 여기에는 선교적인 이유도 있다.[82] 종이 상전을 공경해야 하는 또 다른 이유는 하나님의 이름과 교훈이 비방을 받지 않기 위해서이다. 믿는 종들은 바르게 처신함으로 비신자들에게 좋은 인상을 심어 주어야 한다(참고. 2:2; 3:7; 딛 2:5).

2절 | 믿는 상전을 둔 경우

² 믿는 상전이 있는 자들은 그 상전을 형제라고 가볍게 여기지 말고 더 잘 섬기게 하라 이는 유익을 받는 자들이 믿는 자요 사랑을 받는 자임이라 너는 이것들을 가르치고 권하라

2절: 믿는 상전을 둔 종은 자신의 상전을 형제라고 가볍게 여기지 말고 더 잘 섬겨야 한다. 이것은 당시에 성경적인 평등주의(egalitarianism)에 근거하여 교회에서 상전과 종이 서로를 형제라고 불렀는데 그러다 보니 종이 상전을 함부로 대하는 경우가 종종 있었기 때문이다. '이는 유익을 받는 자들이 믿는 자요 사랑을 받는 자임이라' (NRSV: since those who benefit by their service are

---

80) 바울은 갈라디아서 5:1에서 '다시는 종의 멍에를 메지 말라' 고 말한다. 갈라디아서에서 이 표현은 율법의 속박으로부터 해방되는 것을 의미한다. 따라서 갈라디아서에서의 표현은 디모데전서에서의 그것과 다르게 사용되었다.

81) '존경하다' 에 해당하는 헬라어 *티마*오는 세 그룹(과부, 장로, 상전)에 대한 자세에 모두 나온다. 따라서 이것은 연속된 강화의 접촉점이 된다. 5:3은 과부를 존대하라(honor)고 하며, 5:17은 장로를 배나 존경하라(double honor)고 하고, 6:1은 상전을 범사에 공경하라(all honor)고 한다. 따라서 강화에 사고의 진전이 있다.

82) John Stott, 196.

believers and beloved)는 표현은 종들의 섬김으로 인하여 종들과 주인들이 모두 유익을 받을 것이라는 뜻이다.[83] '이것들을 가르치고 권하라'에서 '이것들'은 바울이 이 편지에서 말하고 있는 교훈이다(참고. 4:6, 11; 5:7).

6:3-21 물질에 대한 자세

3 누구든지 다른 교훈을 하며 바른 말 곧 우리 주 예수 그리스도의 말씀과 경건에 관한 교훈을 따르지 아니하면 4 그는 교만하여 아무 것도 알지 못하고 변론과 언쟁을 좋아하는 자니 이로써 투기와 분쟁과 비방과 악한 생각이 나며 5 마음이 부패하여지고 진리를 잃어 버려 경건을 이익의 방도로 생각하는 자들의 다툼이 일어나느니라 6 그러나 자족하는 마음이 있으면 경건은 큰 이익이 되느니라 7 우리가 세상에 아무 것도 가지고 온 것이 없으매 또한 아무 것도 가지고 가지 못하리니 8 우리가 먹을 것과 입을 것이 있은즉 족한 줄로 알 것이니라 9 부하려 하는 자들은 시험과 올무와 여러 가지 어리석고 해로운 욕심에 떨어지나니 곧 사람으로 파멸과 멸망에 빠지게 하는 것이라 10 돈을 사랑함이 일만 악의 뿌리가 되나니 이것을 탐내는 자들은 미혹을 받아 믿음에서 떠나 많은 근심으로써 자기를 찔렀도다 11 오직 너 하나님의 사람아 이것들을 피하고 의와 경건과 믿음과 사랑과 인내와 온유를 따르며 12 믿음의 선한 싸움을 싸우라 영생을 취하라 이를 위하여 네가 부르심을 받았고 많은 증인 앞에서 선한 증언을 하였도다 13 만물을 살게 하신 하나님 앞과 본디오 빌라도를 향하여 선한 증언을 하신 그리스도 예수 앞에서 내가 너를 명하노니 14 우리 주 예수 그리스도께서 나타나실 때까지 흠도 없고 책망 받을 것도 없이 이 명령을 지키라 15 기약이 이르면 하나님이 그의 나타나심을 보이시리니 하나님은 복되시고 유일하신 주권자이시며 만왕의 왕이시며 만주의 주시요 16 오직 그에게만 죽지 아니함이 있고 가까이 가지 못할 빛에 거하시고 어떤 사람도 보지 못하였고 또 볼 수 없는 이시니 그에게 존귀와 영원한 권능을 돌릴지어다 아멘 17 네가 이 세대에서 부한 자들을 명하여 마음을 높이지 말고 정함이 없는 재물에 소망을 두지 말고 오직 우리에게 모든 것을 후히 주사 누리게 하시는 하나님께 두며 18 선을 행하고 선

---

83) 이 문장의 구조에 대한 설명을 위하여, Donald Guthrie, 110을 보라.

한 사업을 많이 하고 나누어 주기를 좋아하며 너그러운 자가 되게 하라
19 이것이 장래에 자기를 위하여 좋은 터를 쌓아 참된 생명을 취하는 것이니
라 20 디모데야 망령되고 헛된 말과 거짓된 지식의 반론을 피함으로 네게 부
탁한 것을 지키라 21 이것을 따르는 사람들이 있어 믿음에서 벗어났느니라
은혜가 너희와 함께 있을지어다

바울은 서신의 마지막 부분에 이르러 물질 문제에 대하여 말한다. 돈은
모든 시대의 모든 사람들에게 매우 중요한 문제이다. 당시 디모데와 교회
역시 예외가 아니어서 이 문제에 당면해 있었다. 사람들은 돈으로 인하여
흥하기도 하고 돈으로 인하여 망하기도 한다. 그리하여 바울은 그리스도
인들이 이 문제에 대하여 어떤 입장을 취해야 하는지를 말한다. 그는 거짓
교사들이 돈을 좋아하는 자들임을 밝히면서 사람들이 돈에 대하여 취해야
할 입장을 제시한다.

3–5절 | 거짓 교사들을 경계함

3 누구든지 다른 교훈을 하며 바른 말 곧 우리 주 예수 그리스도의 말씀과
경건에 관한 교훈을 따르지 아니하면 4 그는 교만하여 아무 것도 알지 못하
고 변론과 언쟁을 좋아하는 자니 이로써 투기와 분쟁과 비방과 악한 생각
이 나며 5 마음이 부패하여지고 진리를 잃어 버려 경건을 이익의 방도로 생
각하는 자들의 다툼이 일어나느니라

3절: 바울은 거짓 선생들을 경계할 것을 다시금 요청한다. 이 편지에서
바울이 디모데에게 명령한 가장 중요한 사안들 중 하나는 거짓 선생들을
물리치고 그들의 교훈을 막는 것이었다(참고. 딤전 1:3). '다른 교훈'(false
doctrines)은 거짓 선생들이 가르치는 거짓된 교훈이며, '바른 말'(sound
instructions)은 예수 그리스도의 말씀이고, '경건에 관한 교훈'(godly teaching)
은 '바른 말'과 같다. 거짓 교훈을 가르치고 따르는 사람들의 삶은 대단히

비관적인 상태가 될 것이다. 필시 잘못된 교훈은 잘못된 삶으로 이어진다.

4절: 4-5절은 거짓 교훈을 따르는 자들이 맞이할 심각한 상태에 대해서 말한다. 바울은 다른 교훈을 따르는 자들의 비참한 실상을 지적한다. 그들은 교만하여 아무 것도 알지 못한다. 그들은 자신들이 모든 것을 아는 것처럼 말하지만 사실 아는 것이 아무 것도 없다. 그리고 그들은 변론과 언쟁을 좋아한다. 여기서 '좋아하다'에 사용된 헬라어 단어 노세오는 병적인 열망(unhealthy craving)을 뜻한다. 변론과 언쟁은 아무런 유익이 없다. 그들의 병적인 열망으로부터 투기와 분쟁과 비방과 악한 생각이 일어난다. 그리하여 그들 가운데에는 평화가 없다.

5절: 바울은 다른 교훈을 따르는 자들을 '경건을 이익의 방도(means)로 생각하는 자들'이라고 규정한다. 바울은 그들의 궁극적인 목적이 돈을 취하는 것임을 지적한다. 사실 그들은 경건 자체에는 관심이 없었고 그것을 통해서 얻어지는 물질의 이익에 관심이 있었다.[84] 그리하여 마음이 부패한 자들과 진리를 잃어버린 자들 가운데에는 다툼이 일어났다. 한편, 바울은 감독의 자격을 말하면서 돈을 사랑하지 않는 자라야 한다고 했으며(참고. 3:3), 집사의 자격을 말하면서 더러운 이익을 탐하지 않는 자라야 한다고 했다(참고. 3:8; 딛 1:7).

6-10절 | 자족하는 마음을 가짐

6 그러나 자족하는 마음이 있으면 경건은 큰 이익이 되느니라 7 우리가 세

---

84) John Stott, 203. 당시 에베소의 일부 사람들은 아데미(아르테미스) 여신 숭배 의식과 관련된 사업으로 인하여 상당한 물질적 부요함을 누리고 있었다. 그러나 바울이 제2차 선교여행 중 그곳을 방문했을 때 그들은 자신들의 수익에 타격을 입을 것을 염려하여 바울을 반대하고 박해하였다(참고. 행 19:23 이하).

상에 아무 것도 가지고 온 것이 없으매 또한 아무 것도 가지고 가지 못하리
니 8 우리가 먹을 것과 입을 것이 있은즉 족한 줄로 알 것이니라 9 부하려
하는 자들은 시험과 올무와 여러 가지 어리석고 해로운 욕심에 떨어지나니
곧 사람으로 파멸과 멸망에 빠지게 하는 것이라 10 돈을 사랑함이 일만 악
의 뿌리가 되나니 이것을 탐내는 자들은 미혹을 받아 믿음에서 떠나 많은
근심으로써 자기를 찔렀도다

6-8절: 바울은 '자족'(아우타르케이아, contentment)할 것을 요청한다.[85] 그는
자족하는 마음이 있으면 경건은 큰 이익이 된다고 말한다. 이는 경건에 자
족이 동반되어야 한다는 뜻이다. '우리가 세상에 아무 것도 가지고 온 것
이 없으매' 라는 표현은 고대의 격언으로 보인다. 욥은 '내가 모태에서 알
몸으로 나왔사온즉 또한 알몸이 그리로 돌아가올지라' 라고 말하였다(욥
1:21; 참고. 전 5:15). 바울은 먹을 것과 입을 것이 있은즉 족한 줄로 알라고 말
한다. 먹을 것과 입을 것은 인간이 소유해야 하는 가장 기본적인 것들이다
(참고. 마 6:25-34; Sir. 29:21).

9-10절: 바울은 부하기를 원하는 자들에게 경고한다. 이들은 시험과 올
무와 여러 가지 어리석고 해로운 욕심에 떨어져서 결국 파멸과 멸망에 빠
진다. '돈을 사랑함이 일만 악의 뿌리가 되나니' 라는 말은 고대의 속담이
다(참고. Philo, Special Law, 4:65). 돈을 탐내는 자들은 미혹을 받아 믿음에서 떠
났으며 많은 근심으로써 자기를 찔렀다(참고. 1:19). 돈의 미혹은 대단히 강
하여서 저항하기가 쉽지 않다. 오히려 돈은 자기를 찌른다. 물론 바울은
정당한 방법으로 돈 버는 것을 비판하지 않는다. 다만 돈에 대한 과도한
욕심에 대해서 경고한다.[86]

---

85) 바울은 고린도후서 9:8과 빌립보서 4:11에서 자족하는 삶을 강조하였다.

86) 참고. Bruce J. Malina, "Wealth and Poverty in the New Testament and Its World," *Int* 41 (1987): 354-67.

11-16절 | 디모데의 소명과 사명

> ¹¹ 오직 너 하나님의 사람아 이것들을 피하고 의와 경건과 믿음과 사랑과
> 인내와 온유를 따르며 ¹² 믿음의 선한 싸움을 싸우라 영생을 취하라 이를
> 위하여 네가 부르심을 받았고 많은 증인 앞에서 선한 증언을 하였도다
> ¹³ 만물을 살비 하신 하나님 앞과 본디오 빌라도를 향하여 선한 증언을 하
> 신 그리스도 예수 앞에서 내가 너를 명하노니 ¹⁴ 우리 주 예수 그리스도께
> 서 나타나실 때까지 흠도 없고 책망 받을 것도 없이 이 명령을 지키라 ¹⁵ 기
> 약이 이르면 하나님이 그의 나타나심을 보이시리니 하나님은 복되시고 유
> 일하신 주권자이시며 만왕의 왕이시며 만주의 주시요 ¹⁶ 오직 그에게만 죽
> 지 아니함이 있고 가까이 가지 못할 빛에 거하시고 어떤 사람도 보지 못하
> 였고 또 볼 수 없는 이시니 그에게 존귀와 영원한 권능을 돌릴지어다 아멘

11절: 바울은 서신의 마지막 부분에서 다시 디모데에게 주의를 집중한
다. '오직 너'(쉬 데, but as for you)라는 표현을 사용한 것은 돈을 사랑하는 자
들과 디모데를 구분하려는 의도이다. '하나님의 사람' 이란 용어는 구약에
서 이스라엘의 지도자들을 가리킬 때 사용되었다(참고. 신 33:1; 삼상 9:6; 느
12:24, 36; 왕상 17:18; 왕하 4:7).[87] '이것들을 피하고' 라는 표현은 돈을 사랑함
을 피하라는 뜻이다. 디모데가 추구해야 할 덕목들은 의, 경건, 믿음, 사랑,
인내, 온유이다. 이 덕목들은 디모데전서에서 이미 제시된 것들이다(참고.
의 [1:9]; 경건 [2:2]; 믿음과 사랑 [1:5]; 인내와 온유 [6:4]).[88]

12절: 바울은 디모데에게 '믿음의 선한 싸움을 싸우라' 라고 명령한다.
'싸움' 은 운동선수 은유이다(참고. 1:18; 딤후 4:7; 고전 9:24). '영생을 취하라'
는 표현은 돈이 사람을 영원히 살게 해 주는 것이 아니라는 교훈을 반영한
다(참고. 6:19). 디모데는 부르심을 받았고 '많은 증인' 앞에서 '선한 증언'

---

87) John Stott, 212.

88) Benjamin Fiore, S. J., 122.

을 하였다. 부르심을 받은 것은 사명을 수행하기 위하여 많은 사람들 가운데 특별히 택함을 받은 것을 의미한다(참고. 딤후 1:9). 많은 증인 앞에서 선한 증언을 한 것은 당시의 공적인 예전의식(liturgical ceremony)으로 보인다(참고. 4:14; 5:22; 딤후 1:6).

13절: 헬라어 본문에서 이 구절의 제일 앞에 나오는 말은 '내가 너를 명하노니'(파랑겔로)이다. 따라서 바울은 다소 강한 어조로 디모데에게 권면한다. 그는 '만물을 살게 하신 하나님'과 '본디오 빌라도를 향하여 선한 증언을 하신 그리스도 예수'를 언급한다. 창조주로서의 하나님은 1:4과 4:4에 나오고, 빌라도 앞에서의 그리스도의 증언은 2:6과 디모데후서 1:8에 나온다.[89] 바울은 창조주이시고 주권자이신 하나님 앞에서 디모데에게 엄히 명한다. 그리고 예수님께서 빌라도 앞에서 행하신 선한 증언은 신자들의 선한 증언의 실례가 되기에 이를 디모데의 선한 증언과 연결짓는다(참고. 마 27:11; 막 15:2; 요 18:37).

14절: 14-16절은 직분을 수여할 때 사용된 말들을 차용한 것으로 보인다. '우리 주 예수 그리스도께서 나타나실 때까지'라는 표현은 종말론적인 기대감을 내포한다(참고. 딤후 4:1, 8; 딛 2:13). 신자들은 그리스도께서 다시 오실 날을 바라보며 소망 가운데 인내해야 한다. 그런데 종말론적인 기대감은 우선 현재 삶의 충실성을 요구한다. 즉 지금 여기서 하나님의 명령을 지켜야 한다는 것이다. 하지만 그것은 궁극적으로 미래의 어느 시점을 전망한다. 하나님의 구원은 언젠가 주 예수님이 다시 오실 때 완성될 것이다(참고. 딤후 1:18; 4:8).

15절: 기약이 이르면 하나님이 그의 나타나심을 보이실 것이다. 그리스

89) Benjamin Fiore, S. J., 123.

도인들은 예수 그리스도의 초림과 재림 사이의 시간대에 살고 있다. 그리스도께서 처음 이땅에 오심으로 말미암아 우리의 구원이 시작되었고 그리스도께서 다시 이땅에 오심으로 말미암아 우리의 구원이 완성된다. 그 날에 하나님은 자신의 모습을 보이실 것인데 이로 말미암아 그분의 속성이 완전하게 드러날 것이다. 하나님은 복되시고 유일하신 주권자이시며 만왕의 왕이시며 만주의 주님이시다. 하나님을 주권자, 만왕의 왕, 만주의 주라고 부르는 것은 신구약 전체에서 발견된다.

16절: 임직식 연설이나 신앙의 고백은 주로 찬양(doxology)으로 끝난다. 여기서도 예외가 아닌데 바울은 하나님의 영원성과 거룩성과 불가시성을 언급한다(참고. 1:17). 그리고 하나님께 존귀와 영원한 권능을 돌린다. 하나님에 대한 이러한 서술은 헬라의 다신교 사상과 대치된다. 헬라 사람들은 신들을 사람들과 비슷한 삶을 사는 존재로 생각했으며 신들이 사람들의 눈에 보인다고 믿었다. 그러나 바울은 하나님이 유일하신 절대자이시며 사람들과는 전혀 다르고 사람들의 눈에 보이지 않는 분이라고 진술함으로써 하나님을 헬라의 신들과 구분한다.

17-19절 | 부유한 자들에게 주는 교훈

17 내가 이 세대에서 부한 자들을 명하여 마음을 높이지 말고 정함이 없는 재물에 소망을 두지 말고 오직 우리에게 모든 것을 후히 주사 누리게 하시는 하나님께 두며 18 선을 행하고 선한 사업을 많이 하고 나누어 주기를 좋아하며 너그러운 자가 되게 하라 19 이것이 장래에 자기를 위하여 좋은 터를 쌓아 참된 생명을 취하는 것이니라

17절: 바울은 6-10절에서 자족하는 마음을 가지라고 말하였으며 돈을 사랑하지 말라고 권하였다. 그런데 그는 여기서 디모데에게 부유한 자들

에게 교훈을 주라고 당부한다. 부유한 자들은 두 가지를 피해야 하는데, 마음을 높이지 말아야 하고 정함이 없는 재물에 소망을 두지 말아야 한다.[90] '정함이 없는(uncertain) 재물'은 구약과 신약 전반에 나오는 주제인데, 세상의 재물이 영원하지 않으며 공고하지 않다는 것을 시사한다(참고. 잠 11:28; 전 5:13-15; 눅 12:16-21). 바울은 '오직 우리에게 모든 것을 후히 주사 누리게 하시는 하나님께' 소망을 두라고 말한다.

18-19절: 부한 자들은 그들이 가지고 있는 재물을 가지고 선한 사업을 많이 해야 한다. 그들은 자신들의 재물을 어려운 사람들에게 나누어 주기를 좋아해야 한다. 이렇게 함으로써 그들은 장래에 자기를 위하여 좋은 터를 쌓는다. 여기서 '장래'(the coming age)는 종말론적인 개념으로 신자들의 좋은 행실의 이유가 된다. '좋은 터'(a firm foundation)는 재물을 팔아서 가난한 사람들에게 주면 하늘에서 보화가 있을 것이라는 예수님의 말씀을 생각나게 한다(참고. 눅 18:22). '참된 생명을 취하는 것'이라는 표현은 부자들이 재물을 바르게 사용함으로 영생을 얻을 수 있다는 사실을 가리킨다(참고. 12절).

20-21절 | 당부를 재확인함

²⁰ 디모데야 망령되고 헛된 말과 거짓된 지식의 반론을 피함으로 네게 부탁한 것을 지키라 ²¹ 이것을 따르는 사람들이 있어 믿음에서 벗어났느니라 은혜가 너희와 함께 있을지어다

20절: 바울은 서신의 서두에서(1:3-5, 18-20) 디모데에게 주었던 임무를 여기서 재확인한다. 디모데는 거짓 선생들이 즐겨하는 망령되고 헛된 말과

90) Donald Guthrie, 117.

거짓된 지식의 반론을 피해야 한다(참고. 1:4; 6:4; 딤후 2:14, 23, 25; 딛 3:9). 오히려 그는 바울이 '부탁한 것'을 지켜야 한다. 바울이 부탁한 것은 바른 교훈(성경)에 근거한 바른 믿음이다(21절; 참고. 1:11; 딤후 1:12-14). 사실 이 편지에서 바울이 가장 강조한 것이 바른 교훈이다. 디모데는 무엇보다도 거짓 선생들의 거짓 가르침에 대항하여 하나님의 말씀을 바르게 가르쳐야 한다.

21절: 어떤 사람들은 거짓된 지식을 따름으로 믿음에서 벗어났다(참고. 1:6). 그러므로 바른 지식을 전하는 것은 대단히 중요하다. 바울은 '은혜가 너희와 함께 있을지어다'라는 축복으로 서신을 마친다. 이것은 바울 서신의 전형적인 특징이다. 그런데 여기서 '너희'(휘몬)가 복수형이다. 이는 이 서신이 디모데만 읽도록 기록된 것이 아니라 많은 신자들이 함께 읽도록 기록된 것임을 보여준다(참고. 골 4:18; 딤후 4:22; 딛 3:15). 한편, 다른 서신들에는 서신의 말미에 여러 사람들의 안부와 바울의 방문 계획과 추신들이 들어있지만 디모데전서에는 그러한 것들이 생략되어 있다.

디모데후서

서 론

디모데후서의 수신자는 디모데이다. 디모데에 대해서는 이미 '디모데 전서 서론'에서 다루었기에 여기서는 생략한다. 바울은 앞서 디모데전서 를 보내어 디모데가 당면한 문제들을 어떻게 해결할 수 있는지를 가르쳤 다. 하지만 시간이 흘러서 상황이 조금 변하였다. 이에 바울은 다시 서신 을 보내어 디모데를 가르치고자 한다. 디모데후서는 바울이 생애의 가장 마지막에 죽음을 앞두고 기록한 서신이라 유언의 성격이 강하다. 아울러 이 서신은 대단히 개인적이다. 바울은 디모데에게 자신의 지나온 삶을 언 급하면서 디모데가 바울의 삶을 따르기를 기대한다.

이 서신의 목적은 분명하다. 그것은 '바른 교훈을 지키고 가르치라'는 것이다. '바른 교훈'이란 바울이 가르쳐준 교훈이지만 나아가서 하나님의 말씀인 성경이다. 특히 바울은 고난중에도 하나님의 말씀을 지키고 가르 칠 것을 당부한다. 장차 디모데는 힘들고 고통스러운 상황을 맞이할 것이 다. 로마 정부의 박해와 거짓 선생들의 미혹은 더욱 강해질 것이다. 많은 사람들이 믿음에서 떠나 변절할 것이고 잘못된 일을 행할 것이다. 그러나 디모데는 현실에 굴복하지 말고 강한 믿음으로 어려운 상황을 헤쳐 나가 야 한다. 그는 믿음의 선한 싸움을 싸워야 한다.

구조

| 디모데후서 |

본문해설

1:1-2 서두

> ¹ 하나님의 뜻으로 말미암아 그리스도 예수 안에 있는 생명의 약속대로 그
> 리스도 예수의 사도 된 바울은 ² 사랑하는 아들 디모데에게 편지하노니 하
> 나님 아버지와 그리스도 예수 우리 주께로부터 은혜와 긍휼과 평강이 네게
> 있을지어다

바울은 주후 1세기 그리스 서신의 전형적인 형태(typical formula)에 따라, 발신자, 수신자, 인사말로 서신을 시작한다. 디모데후서의 서두는 디모데전서의 서두와 비슷하다(참고. 딤전 1:1-2; 딛 1:1-4).

1절 | 발신자

> ¹ 하나님의 뜻으로 말미암아 그리스도 예수 안에 있는 생명의 약속대로 그
> 리스도 예수의 사도 된 바울은

1절a: 디모데전서에서와 마찬가지로 바울은 자신을 '그리스도 예수의 사도'라고 소개한다(참고. 딤전 1:1). 이렇게 바울이 서신의 서두에 자신의 사도권을 말하는 이유는 이 서신이 많은 사람들에게 읽히도록 의도되었는데

자신의 사도권을 분명히 함으로써 이전에 자신이 전했던 교훈들의 신적인 권위를 드러낼 수 있기 때문이다. 따라서 바울의 사도권 주장은 사적인 문제가 아니라 공적인 문제이다. 게다가 바울은 사도권을 언급함으로써 디모데로 하여금 그의 삶(사명)이 어떠해야 하는지를 상기시키고자 한다.

1절b: '그리스도 예수 안에 있는 생명의 약속' 이라는 표현은 그리스도 예수께서 영원한 생명을 주시겠다고 약속하신 것을 의미한다(참고. 딤전 4:8). 아울러 이것은 사도의 직분이란 '생명의 약속' 을 사람들에게 전파하는 것임을 암시한다. 이러한 약속은 참된 교훈에서 비롯되었으며 거짓 교사들의 가르침과 반대된다. 거짓 교사들은 이미 부활이 지나갔다고 말함으로 생명의 약속을 가지고 있지 않으며, 오히려 그릇된 말로 사람들의 믿음을 무너뜨려서 멸망에 이르게 한다(참고. 2:18). 그러나 주님은 영원한 생명을 약속하신다.

2절 | 수신자, 인사말

² 사랑하는 아들 디모데에게 편지하노니 하나님 아버지와 그리스도 예수 우리 주께로부터 은혜와 긍휼과 평강이 네게 있을지어다

2절: 바울은 디모데전서 1:2에서 디모데를 '믿음 안에서 참 아들' 이라고 불렀는데, 여기서는 '사랑하는 아들' 이라고 부른다. 물론 디모데는 바울의 육신적인 아들이 아니라 영적인 아들(제자, 후계자)이다. 바울은 디모데에게 '은혜와 긍휼과 평강' 이 있기를 기원한다. 이것은 디모데전서에서의 인사말과 같다(참고. 딤전 1:2). 바울은 다른 서신들에서 은혜와 평강만을 기원했으나, 디모데에게 보내는 편지들에서는 은혜와 평강에다 '긍휼' (mercy)을 덧붙인다. 이는 바울이 생의 마지막에 디모데를 향한 애틋한 사랑을 가지고 있었기 때문이다. 은혜와 긍휼과 평강은 '하나님 아버지와 그리스도 예수 우리 주께로부터' 나온다. 즉 그것은 주님의 선물이다.

1:3-18 아름다운 것을 지키라는 권면

3 내가 밤낮 간구하는 가운데 쉬지 않고 너를 생각하여 청결한 양심으로 조상적부터 섬겨 오는 하나님께 감사하고 4 네 눈물을 생각하여 너 보기를 원함은 내 기쁨이 가득하게 하려 함이니 5 이는 네 속에 거짓이 없는 믿음이 있음을 생각함이라 이 믿음은 먼저 네 외조모 로이스와 네 어머니 유니게 속에 있더니 네 속에도 있는 줄을 확신하노라 6 그러므로 내가 나의 안수함으로 네 속에 있는 하나님의 은사를 다시 불일듯 하게 하기 위하여 너로 생각하게 하노니 7 하나님이 우리에게 주신 것은 두려워하는 마음이 아니요 오직 능력과 사랑과 절제하는 마음이니 8 그러므로 너는 내가 우리 주를 증언함과 또는 주를 위하여 갇힌 자 된 나를 부끄러워하지 말고 오직 하나님의 능력을 따라 복음과 함께 고난을 받으라 9 하나님이 우리를 구원하사 거룩하신 소명으로 부르심은 우리의 행위대로 하심이 아니요 오직 자기의 뜻과 영원 전부터 그리스도 예수 안에서 우리에게 주신 은혜대로 하심이라 10 이제는 우리 구주 그리스도 예수의 나타나심으로 말미암아 나타났으니 그는 사망을 폐하시고 복음으로써 생명과 썩지 아니할 것을 드러내신지라 11 내가 이 복음을 위하여 선포자와 사도와 교사로 세우심을 입었노라 12 이로 말미암아 내가 또 이 고난을 받되 부끄러워하지 아니함은 내가 믿는 자를 내가 알고 또한 내가 의탁한 것을 그 날까지 그가 능히 지키실 줄을 확신함이라 13 너는 그리스도 예수 안에 있는 믿음과 사랑으로써 내게 들은 바 바른 말을 본받아 지키고 14 우리 안에 거하시는 성령으로 말미암아 네게 부탁한 아름다운 것을 지키라 15 아시아에 있는 모든 사람이 나를 버린 이 일을 네가 아나니 그 중에는 부겔로와 허모게네도 있느니라 16 원하건대 주께서 오네시보로의 집에 긍휼을 베푸시옵소서 그가 나를 자주 격려해 주고 내가 사슬에 매인 것을 부끄러워하지 아니하고 17 로마에 있을 때에 나를 부지런히 찾아와 만났음이라 18 (원하건대 주께서 그로 하여금 그 날에 주의 긍휼을 입게 하여 주옵소서) 또 그가 에베소에서 많이 봉사한 것을 네가 잘 아느니라

이 단락에서 바울은 자신의 영적인 아들인 디모데를 향한 사랑을 표현한다. 그리고 디모데가 복음의 수호자가 될 것을 기대한다. 복음을 수호하고 전파하는 일에는 필연적으로 고난이 따를 것인데, 바울은 그러한 고난을 미리 말함으로써 디모데가 위축되지 않기를 바란다.

3-5절 | 디모데를 향한 바울의 사랑

³ 내가 밤낮 간구하는 가운데 쉬지 않고 너를 생각하여 청결한 양심으로 조상적부터 섬겨 오는 하나님께 감사하고 ⁴ 네 눈물을 생각하여 너 보기를 원함은 내 기쁨이 가득하게 하려 함이니 ⁵ 이는 네 속에 거짓이 없는 믿음이 있음을 생각함이라 이 믿음은 먼저 네 외조모 로이스와 네 어머니 유니게 속에 있더니 네 속에도 있는 줄을 확신하노라

3절: 바울은 디모데를 향하여 '내가 밤낮 간구하는 가운데 쉬지 않고 너를 생각하여'라고 말한다. 그는 지금 로마 감옥에 갇혀 있다. 감옥에 갇혀 있는 그가 할 수 있었던 가장 신실한 일은 기도였다. 그는 디모데를 위하여 밤낮 쉬지 않고 기도했다(참고. 롬 1:9-10; 살전 1:2). 이는 디모데가 자신의 사역을 잘 이어갈 수 있는 적합한 후계자였기 때문이다. 바울은 '청결한 양심'으로 하나님을 섬겼다고 말한다. 그는 사도행전 23:1에서도 '나는 범사에 양심을 따라 하나님을 섬겼노라'라고 말하였다. '청결한 양심'은 '참된 믿음'과 연결되는데 주님의 사역자들이 반드시 갖추어야 할 자질이다(참고. 딤전 1:5; 1:19; 3:9; 딤후 2:20-22). 반면에 거짓 교사들은 더럽고 화인 맞은 양심을 가지고 있다(참고. 딤전 1:19; 4:2).

4절: 이 구절에는 디모데를 사랑하고 그리워하는 바울의 마음이 표현되어 있다. '네 눈물을 생각하여'라는 표현은 바울이 로마에서 두 번째로 체포되었을 때 디모데가 바울과 헤어지면서 많이 슬퍼했던 것을 가리키는

것 같다(참고. 1:17). '너 보기를 원함은 내 기쁨이 가득하게 하려 함이니' 라는 표현은 바울이 로마의 감옥에서 외롭게 지내면서 디모데를 보고 싶어 하는 마음을 반영한다.[91] 바울은 디모데에게 자신이 있는 곳으로 오라고 말한다. 그는 서신의 말미에서 '너는 어서 속히 내게로 오라' 라고 말하고 (4:9), '너는 겨울 전에 어서 오라' 라고 말한다(4:21).

5절: 바울은 이 구절에서 '생각하다' (혹은 '기억하다')라는 단어를 사용하는데, 그는 3-5절에서 이 단어를 세 번이나 사용한다. 이는 디모데를 향한 바울의 사랑과 그리움을 보여준다. 바울은 디모데의 신앙을 높이 평가하여 그가 '거짓이 없는 믿음' 을 가지고 있다고 말한다. 많은 사람들이 신앙을 버렸지만(참고. 1:15; 2:17; 3:1-9, 13; 4:3-4, 10-21), 디모데는 신앙을 버리지 않았다. 디모데의 신앙의 뿌리는 외조모 로이스와 어머니 유니게이다. 바울은 다른 곳에서 디모데의 외조모와 어머니의 이름을 언급하지 않았는데 여기서는 언급한다(참고. 행 16:1).

6-10절 | 고난을 두려워하지 않아야 함

6 그러므로 내가 나의 안수함으로 네 속에 있는 하나님의 은사를 다시 불일 듯 하게 하기 위하여 너로 생각하게 하노니 7 하나님이 우리에게 주신 것은 두려워하는 마음이 아니요 오직 능력과 사랑과 절제하는 마음이니 8 그러므로 너는 내가 우리 주를 증언함과 또는 주를 위하여 갇힌 자 된 나를 부끄러워하지 말고 오직 하나님의 능력을 따라 복음과 함께 고난을 받으라 9 하나님이 우리를 구원하사 거룩하신 소명으로 부르심은 우리의 행위대로 하심이 아니요 오직 자기의 뜻과 영원 전부터 그리스도 예수 안에서 우리에

---

91) 이 구절에 담겨 있는 바울의 감정 이해를 위하여, Donald Guthrie, 123을 참고하라. 그는 다음과 같이 말한다. "The apostle does not disguise his own pleasure at the prospect of seeing his friend. ... Though partings are often painful their very tears are a pledge of greater joy at the possibility of reunion."

게 주신 은혜대로 하심이라 ¹⁰ 이제는 우리 구주 그리스도 예수의 나타나심
으로 말미암아 나타났으니 그는 사망을 폐하시고 복음으로써 생명과 썩지
아니할 것을 드러내신지라

6절: 디모데를 향한 속마음을 밝힌 바울은 이제 그에게 권면한다. 바울
은 디모데에게 안수 받을 때를 생각하라고 말한다. '불 일 듯하다' (아나조퓌
레오, fan into flame)라는 단어는 불이 계속해서 타오르는 모습을 연상하게 하
는데, 열정을 북돋운다는 뜻이다(참고. 마카비 1서 13:7). '안수' 는 직분을 받
은 것을 의미하는데, 디모데는 장로의 회에서 직분을 받았다(참고. 딤전
4:14).[92] '하나님의 은사' 는 디모데가 받은 직분과 그것을 수행하는 데 필
요한 능력을 뜻한다. 바울은 하나님의 은사가 예언과 안수를 통해서 온다
고 말한 적이 있다(참고. 딤전 4:14).[93]

7절: 하나님께서는 두려워하는 마음이 아니라 능력과 사랑과 절제하는
마음을 주셨다. '두려워하는 마음' 은 디모데의 나이와 관련이 있다. 디모
데는 젊은 사람이었는데, 당시 사람들은 젊은 사람들을 존경하지 않았고
오히려 업신여겼다. 따라서 디모데는 일부 사람들에게서 존경을 받지 못
하였고 오히려 업신여김을 받았다(참고. 딤전 4:12). 게다가 교회 안에 거짓
교사들이 있었는데, 그들은 이런 점을 이용하여 디모데를 압박했다. 따라
서 바울은 디모데에게 두려워하는 마음을 가지지 말라고 권면한다. '절
제' 는 스토아 철학에서 말하는 자기 통제가 아니라 성령의 열매로서 하나
님께서 주시는 능력이다(참고. 딛 1:8; 2:2).

---

92) 성경에 나오는 '안수' 의 의미와 기능에 대해서, J. K. Parratt, "The Laying on of Hands in
the New Testament: A Reexamination in Light of the Hebrew Terminology," *ExpTim* 80 (1968-69):
210-14를 보라.

93) Benjamin Fiore, S. J., 136-137.

8절: 바울은 지금 감옥에 갇혀 있다. 디모데는 이것 때문에 위축되었을 수 있다.[94] 자신이 바울을 방문해도 괜찮을까를 염려했을 것이고 앞으로 자신도 바울과 같은 일을 하다가 감옥에 갇혀서 고난을 당하는 것이 아닐까를 두려워했을 것이다. 이에 바울은 자신이 주님과 복음을 위하여 갇혔다고 말하면서 자신이 감옥에 갇힌 것을 부끄러워하지 말라고 당부한다(참고. 12절; 빌 1:20). 그는 오히려 디모데에게 자신처럼 '복음과 함께 고난을 받으라' 고 권면한다. 이때 그는 '하나님의 능력을 따라' 라는 말을 덧붙이는데, 이는 복음을 위하여 고난을 받는 것이 하나님의 능력으로 가능하다는 뜻이다.

9절: 바울은 8절에서 '하나님의 능력' 에 대하여 언급했는데, 이 구절에서 하나님이 하신 일에 대하여 설명한다. 이 구절을 의미를 살려서 기술(번역)하면 다음과 같다. '하나님은 우리를 구원하셨고 거룩한 부르심으로 우리를 부르셨다. 그런데 그것은 우리의 행위(타 에르가 헤몬)에 따른 것이 아니라 그분 자신의 목적과 은혜(프로떼신 카이 카린)에 따른 것이다. 그리고 이 은혜는 시간이 시작되기 전부터 그리스도 예수 안에서 우리에게 주어진 것이다.' 하나님께서 우리의 행위에 따라 우리를 구원하신 것이 아니라는 사상은 바울의 다른 서신에서도 발견되는데 하나님의 무한한 사랑과 절대적인 주권을 반영한다(참고. 딛 3:5; 엡 2:8-9).[95]

10절: 바울은 '영원' 에서 '현재' 로 이동한다.[96] 하나님의 은혜는 시간이 시작되기 전부터 그리스도 예수 안에서 우리에게 주어졌다. 그런데 이제 그리스도 예수의 나타나심으로 말미암아 그것이 나타났다. 즉 우리를

---

94) 참고. Donald Guthrie, 127-28.

95) 이 구절에는 구원에 있어서 하나님의 예정과 섭리가 명기되어 있다.

96) Donald Guthrie, 129.

향한 하나님의 은혜가 이전에는 감추어졌으나 이제 그리스도의 나타나심과 함께 드러난 것이다. 이것은 바울이 '그리스도 예수께서 죄인을 구원하시려고 세상에 임하셨다' 라고 말한 것을 반영한다(참고. 딤전 1:15). 그리스도는 사망을 폐하셨고 복음으로써 생명과 썩지 않을 것을 드러내셨다. 한편, 바울은 9-10절에서 줄곧 아오리스트(aorist) 분사를 사용함으로 그리스도의 구속 사역의 단회적(once-for-all) 성격을 강조한다.[97]

11-14절 | 복음을 수호해야 함

> 11 내가 이 복음을 위하여 선포자와 사도와 교사로 세우심을 입었노라 12 이로 말미암아 내가 또 이 고난을 받되 부끄러워하지 아니함은 내가 믿는 자를 내가 알고 또한 내가 의탁한 것을 그 날까지 그가 능히 지키실 줄을 확신함이라 13 너는 그리스도 예수 안에 있는 믿음과 사랑으로써 내게 들은 바 바른 말을 본받아 지키고 14 우리 안에 거하시는 성령으로 말미암아 내게 부탁한 아름다운 것을 지키라

11절: 바울은 자신의 예를 제시하면서 디모데가 복음을 위한 일꾼이 되어야 한다고 촉구한다. 바울은 자신이 '선포자와 사도와 교사로' 세우심을 받았다고 말한다. 여기서 바울의 의도는 직분의 종류를 제시하거나 직분을 구분하려는 것이 아니다. 그는 복음을 전하는 자의 사역들, 즉 복음을 선포하고 훈련하고 가르치는 사역들을 드러내려고 한다. 바울은 이미 디모데전서 2:7에서 자신이 '전파하는 자와 사도로' 세움을 입었다고 말한 적이 있다. 하지만 여기에서는 '교사' 를 덧붙이는데, 이는 전파하는 자와 사도가 가르치는 사람이기 때문이다.

12절: 바울은 복음으로 말미암아 고난을 받았다고 말한다. 하지만 그는

---

97) Benjamin Fiore, S. J., 138.

복음 때문에 고난 받은 것을 부끄러워하지 않는다고 말한다. 바울의 용기
는 그 자신에게서 나온 것이 아니라 하나님에 대한 믿음에서 나온 것이다
(참고. 고후 3:5). 하나님께서는 바울에게 고난을 견딜 수 있는 힘을 주셨고
바울은 그러한 하나님을 의지하여 위축되지 않고 담대히 복음을 전했다.
이에 대하여 바울은 자신이 믿는 분이신 하나님을 알고 자신이 의탁한 복
음을 하나님께서 '그 날' 까지 지키실 줄을 확신한다고 말한다(참고. 딤전
6:20). '그 날' (that day)은 역사의 마지막 날이다(참고. 딤전 6:14; 딤후 1:18; 4:8; 딛
2:13; 히 10:25).

13-14절: 디모데가 지켜야 할 것들이 제시된다. 그는 먼저 바울에게서
들은 '바른 말' 을 본받아 지켜야 한다. '바른 말' 은 '건전한 교훈' (sound
teaching) 혹은 '건강한 교훈' (healthy teaching)을 의미한다(참고. 딤전 1:10; 6:3; 딤
후 1:13; 4:3; 딛 1:9, 13; 2:1). 그는 또한 '아름다운 것' 을 지켜야 한다. '아름다
운 것' 은 '바른 말' 과 같은 것으로 복음을 가리킨다. 이것은 우리 안에 거
주하시는 성령께서 우리에게 위탁(entrust)하신 것이다. 실로 하나님은 복음
을 전하실 때 사람을 사용하신다. 디모데는 성령께서 부탁하신 복음을 널
리 전파해야 한다. 사람이 복음을 전파할 때 성령을 통한 구원의 역사가
일어난다(참고. 딛 3:5-6).

15-18절 │ 변절자와 충성자의 예

15 아시아에 있는 모든 사람이 나를 버린 이 일을 네가 아나니 그 중에는 부
겔로와 허모게네도 있느니라 16 원하건대 주께서 오네시보로의 집에 긍휼
을 베푸시옵소서 그가 나를 자주 격려해 주고 내가 사슬에 매인 것을 부끄
러워하지 아니하고 17 로마에 있을 때에 나를 부지런히 찾아와 만났음이라
18 (원하건대 주께서 그로 하여금 그 날에 주의 긍휼을 입게 하여 주옵소서)
또 그가 에베소에서 많이 봉사한 것을 네가 잘 아느니라

15절: 바울은 '복음을 위하여 고난을 받으라'는 권면에 대한 구체적인 실례를 든다. 그는 아시아에 있는 모든 사람이 자신을 버렸다고 말한다(참고. 4:10-11). 아시아는 소아시아 서쪽 끝 부분에 있으며 당시에 로마의 주 (province)로서 디모데가 사역하고 있는 에베소가 포함되어 있는 지역이다 (당시에 에베소는 아시아의 수도였음).[98] 바울은 자신을 버린 두 사람을 거명한다. 그들의 이름은 부겔로와 허모게네이다. 신약성경에 이들에 대한 정보는 더 이상 없다. 하지만 그들은 디모데가 잘 알고 있는 사람들로 보인다. 바울은 이들로 인하여 매우 상심했을 것이다. 그리고 디모데는 바울의 고통을 지켜보았을 것이다.

16-18절: 다음으로 충성한 사람의 이름이 나온다. 그의 이름은 오네시보로이다. 그는 이곳과 4:19에 나온다. 그는 바울을 자주 격려해 주었다. 그리고 바울이 로마 감옥에 갇혀 있을 때 자주 찾아 왔다. 그는 바울이 투옥된 것을 부끄러워하지 않았다(참고. 1:8). 비록 당시 상황에서 죄인으로 분류되어 감옥에 갇힌 자와 계속해서 교류한다는 것은 쉬운 일이 아니었지만 그는 주저함 없이 바울을 찾아와서 도와주었다. 또한 그는 에베소에서 많이 봉사하였다. 그리하여 바울은 그의 집에 하나님의 긍휼이 있기를 기도한다.[99]

2:1-13 주님께 충성함

¹ 내 아들아 그러므로 너는 그리스도 예수 안에 있는 은혜 가운데서 강하고
² 또 네가 많은 증인 앞에서 내게 들은 바를 충성된 사람들에게 부탁하라 그

---

98) 참고. John E. Stambaugh & Balch David I., "Asia Minor: Ephesus and Other Cities," in *The New Testament in Its Social Environment*, Library of Early Christianity 2, Philadelphia: Westminster Press, 1986, 149-54.

99) Benjamin Fiore, S. J., 144.

들이 또 다른 사람들을 가르칠 수 있으리라 3 너는 그리스도 예수의 좋은 병사로 나와 함께 고난을 받으라 4 병사로 복무하는 자는 자기 생활에 얽매이는 자가 하나도 없나니 이는 병사로 모집한 자를 기쁘게 하려 함이라 5 경기하는 자가 법대로 경기하지 아니하면 승리자의 관을 얻지 못할 것이며 6 수고하는 농부가 곡식을 먼저 받는 것이 마땅하니라 7 내가 말하는 것을 생각해 보라 주께서 범사에 네게 총명을 주시리라 8 내가 전한 복음대로 다윗의 씨로 죽은 자 가운데서 다시 살아나신 예수 그리스도를 기억하라 9 복음으로 말미암아 내가 죄인과 같이 매이는 데까지 고난을 받았으나 하나님의 말씀은 매이지 아니하니라 10 그러므로 내가 택함 받은 자들을 위하여 모든 것을 참음은 그들도 그리스도 예수 안에 있는 구원을 영원한 영광과 함께 받게 하려 함이라 11 미쁘다 이 말이여 우리가 주와 함께 죽었으면 또한 함께 살 것이요 12 참으면 또한 함께 왕 노릇 할 것이요 우리가 주를 부인하면 주도 우리를 부인하실 것이라 13 우리는 미쁨이 없을지라도 주는 항상 미쁘시니 자기를 부인하실 수 없으시리라

바울은 1장에서 하나님의 능력을 따라 복음과 함께 고난을 받으라고 말하였다. 이 단락에서 그는 다시금 고난을 두려워하지 말고 주님께 충성해야 한다고 당부한다. 그는 예수 그리스도께서 죽으셨다가 살아나신 일을 언급하면서 죽음을 무서워하지 말라고 말한다.

1-2절 │ 복음을 계승해야 함

1 내 아들아 그러므로 너는 그리스도 예수 안에 있는 은혜 가운데서 강하고
2 또 네가 많은 증인 앞에서 내게 들은 바를 충성된 사람들에게 부탁하라
그들이 또 다른 사람들을 가르칠 수 있으리라

1절: 바울은 디모데를 향하여 '내 아들아' 라고 부른다(참고. 1:2; 딤전 1:2). 그는 디모데를 진정으로 사랑하여 단순한 제자나 후계자가 아니라 영적인 아들로 생각하였다. 그는 디모데에게 '은혜 가운데서 강하라' 고 권면한

다. 디모데는 쉽지 않은 상황을 맞이할 것이다. 로마 정부의 박해와 이단들의 유혹은 더욱 강해질 것이다. 많은 사람들이 변절할 것이고 거짓 교훈들에 미혹될 것이다. 이에 그는 디모데가 더욱 강해지기를 기대한다. 그런데 그는 '그리스도 예수 안에 있는 은혜'를 말한다(참고. 1:9). 실로 디모데를 강하게 하시는 분은 주님이시다.

2절: 디모데는 신앙(복음)을 계승하고 확장해야 한다. '많은 증인 앞에서'라는 표현은 디모데가 바울에게서 직분을 받을 때 많은 사람들이 지켜본 일을 반영한다.[100] '내게 들은 바'라는 말은 1:13에서 바울이 언급한 '바른 말'이다. 이것은 바울에게서 들은 하나님의 말씀이다. 바울은 많은 사람들이 지켜보는 가운데 디모데에게 직분을 주면서 말씀을 전할 것을 명령하였다. 디모데는 바울에게서 전수받은 말씀을 '충성된 사람들에게' (피스토이스 안드로포이스) 전해야 하는데, '충성'은 배교와 박해의 시대에 가장 필요한 자질로서 주님의 제자들에게 매우 많이 요구된다(참고. 딤전 1:12; 3:11; 4:3, 10; 딛 1:6).[101] 충성된 사람들은 또 다른 사람들을 가르칠 수 있으며, 그런 식으로 신앙(복음)이 역사적으로 계승되고 지리적으로 확장된다.

3-7절 | 세 개의 이미지

> [3] 너는 그리스도 예수의 좋은 병사로 나와 함께 고난을 받으라 [4] 병사로 복무하는 자는 자기 생활에 얽매이는 자가 하나도 없나니 이는 병사로 모집한 자를 기쁘게 하려 함이라 [5] 경기하는 자가 법대로 경기하지 아니하면 승리자의 관을 얻지 못할 것이며 [6] 수고하는 농부가 곡식을 먼저 받는 것이

---

100) '많은 증인 앞에서'라는 문구의 의미에 대한 여러 학문적인 견해들에 대하여, Donald Guthrie, 137-39를 보라. Guthrie는 '앞에서'에 해당하는 헬라어 단어 *디아*의 의미와 '많은 증인'의 정체에 대하여 언급한다.

101) Benjamin Fiore, S. J., 147.

마땅하니라 ⁷ **내가 말하는 것을 생각해 보라 주께서 범사에 네게 총명을 주시리라**

3절: 바울은 3-7절에서 세 개의 이미지를 사용한다. 이 이미지들은 모두 일상생활에서 취해졌으며 당시에 자주 사용된 것들인데 여기서는 특별히 영적인 의미를 드러내기 위하여 사용되고 있다(참고. 고전 9:6, 7, 24-27).[102] 첫 번째 이미지는 병사 이미지이다(참고. 딤전 1:18; 고후 10:3-5; 빌 2:25). 바울은 디모데에게 '너는 그리스도 예수의 좋은 병사로 나와 함께 고난을 받으라' 라고 말한다. 바울이 겪은 고난은 온갖 종류의 고충과 박해(참고. 고전 4:11-13; 고후 6:3-10; 11:21-33), 적대자들의 학대와 위협(참고. 고후 11:1-15), 그리고 투옥과 죽음의 고비(참고. 빌 1:22-26; 행 20:23) 등이었다.[103] 게다가 앞으로 거짓 교사들을 통한 어려움이 있을 것이다. 바울은 디모데가 많은 고난을 겪을 것을 예상하면서 단단히 각오하기를 바란다.

4절: 병사로 복무하는 자는 자기 생활에 얽매이는 자가 하나도 없다. '생활'(affairs)에 해당하는 헬라어 단어 *프라그마테이아이*는 '사적이고 일상적인 일' 을 가리키는데 신약성경에서 여기에만 나온다. 그리고 '얽매이다' 에 해당하는 헬라어 단어 *엠플레케타이*는 신약성경에서 여기와 베드로후서 2:20에만 나온다. 병사는 개인적인 일들(affairs)에 관심을 두지 않는다. 오히려 병사로 모집한 자를 기쁘게 하려고 노력한다. 마찬가지로 신자들은 사사로운 일을 버리고 오직 자신들을 일꾼으로 부르신 주님께 충성해야 한다. 물론 이것은 세속적인 생활과 영적인 생활을 구분하는 이원론적인 사고를 주장하는 것이 아니다. 바울의 의도는 거룩한 삶과 변절하지 않는 충성심이다.

---

102) Donald Guthrie, 139.

103) Benjamin Fiore, S. J., 147.

5절: 두 번째 이미지는 운동선수 이미지이다(참고. 딤전 4:7-8). 바울은 '경기하는 자가 법대로 경기하지 아니하면 승리자의 관을 얻지 못할 것'이라고 말한다. 이것은 운동선수들이 운동경기(올림픽 게임과 같은)에서 규칙을 따라 경기해야 승리자의 관(월계관)을 쓸 수 있다는 사실을 배경으로 한다. 거짓 교사들은 거짓된 가르침을 전하여서 사람들이 거짓된 행동을 하게 하였다. 하지만 신자들은 바른 교훈을 따라서 바르게 행동해야 한다. 바른 가르침에 따라 바르게 산 사람은 '승리자의 관'(crown of victory)을 쓸 것이다(참고. 4:8).

6절: 세 번째 이미지는 농부 이미지이다(참고. 고전 9:7-10). 바울은 '수고하는 농부가 곡식을 먼저 받는 것이 마땅하니라'라고 말한다. 헬라어 본문에서 '수고하는'(코피온타)이 제일 앞에 나와서 강조되어 있는데, '수고'(toil)라는 단어는 사역자들이 기울인 많은 노력에 대한 은유이다(참고. 살전 2:9; 5:2). 바울은 주님의 종들이 최선을 다해서 주님의 일을 해야 한다고 촉구한다. 한편, 바울은 주님의 종들을 예우함에 대하여 '일꾼이 그 삯을 받는 것은 마땅하다'라고 하였다(딤전 5:18b). 그리고 자신은 사도로서 대가를 요구할 권리가 있었지만 그렇게 하지 않았다고 하였다(참고. 고전 9:1-14).

7절: 이 구절을 직역하면 '내가 말하는 것을 생각해 보라 이는 주께서 범사에 네게 총명을 주실 것이기 때문이다'가 된다.[104] '총명'(쉬네시스, insight)은 일반적인 똑똑함이 아니라 하나님께서 주시는 선물로서의 명철함이다. 바울은 목회서신에서 지식을 강조한다. 목회서신은 빈번하게 믿음의 지적인 측면에 초점을 맞추며('진리에 대한 지식': 딤전 2:4; 딤후 3:7; 딛 1:1),

---

[104] 한글 개역개정판에는 '이는'(왜냐하면)이 없으나 헬라어 본문에는 이에 해당하는 단어 가르가 있고 대부분의 영어 성경도 for를 붙여서 뒤에 나오는 문장이 원인임을 밝힌다.

거짓 교사들이 참된 지식을 가지지 못한 점을 지적한다(참고. 딤전 1:7; 4:3; 6:5, 20; 딤후 2:18; 3:7-8; 4:4; 딛 1:16).[105] 하나님께서 디모데에게 총명을 주심으로 디모데는 바울이 말하는 것을 이해할 수 있다.

8-10절 | 모든 것을 참음

> 8 내가 전한 복음대로 다윗의 씨로 죽은 자 가운데서 다시 살아나신 예수 그리스도를 기억하라 9 복음으로 말미암아 내가 죄인과 같이 매이는 데까지 고난을 받았으나 하나님의 말씀은 매이지 아니하니라 10 그러므로 내가 택함 받은 자들을 위하여 모든 것을 참음은 그들도 그리스도 예수 안에 있는 구원을 영원한 영광과 함께 받게 하려 함이라

8절: 바울은 디모데에게 '기억하라'고 말한다. 이는 디모데가 집중해야 할 사실을 상기시킨다. 이어서 바울은 자신이 전했던 복음의 핵심(creedal summary)을 말한다. 그것은 '다윗의 씨로 죽은 자 가운데서 다시 살아나신 예수 그리스도'이다(참고. 롬 1:3-4). 바울이 여기서 복음의 핵심을 언급하면서 예수님의 죽음과 부활을 말하는 것은 디모데가 복음을 위하여 고난을 받는다고 해도 궁극적으로 죽지 않고 살아날 것을 격려하기 위해서이다. 즉 예수님께서 고난을 받고 죽으셨으나 다시 살아나셨듯이, 주님의 종들은 고난을 받고 죽는다 해도 주님처럼 다시 살아날 것이니 두려워하지 말라는 것이다.

9절: 바울은 3절에서 디모데에게 고난을 받으라고 말했는데, 여기서 자신의 경우를 예로 든다.[106] 그는 복음으로 말미암아 자신이 죄인처럼 매이는 데까지 고난을 받았다고 말한다. 이는 그가 하나님의 말씀을 전하다가

---

105) Benjamin Fiore, S. J., 148.
106) Donald Guthrie, 143.

로마의 감옥에 갇히게 되었다는 뜻이다(참고. 1:8). 그리하여 그는 죄 없이 고난을 받고 있는 자신의 현재 모습을 죄가 없으셨으나 고난을 받으신 예수님의 모습과 같은 선상에 놓는다. 하지만 그는 '하나님의 말씀은 매이지 아니하리라' 라고 말한다. 비록 자신은 감옥에 갇혀서 활동을 하지 못하지만 하나님의 말씀은 생명력을 가지고 계속 전파될 것이라고 믿는다.

10절: 바울은 '택함 받은 자들을 위하여' 모든 것을 참았다고 말한다. 디도서 1:1은 '택함 받은 자들' 이 신자들이라고 알려준다. 바울이 고난을 참은 것은 하나님께서 택하신 자들이 예수 그리스도를 믿어 구원을 받고 '영원한 영광' 도 함께 받게 하기 위해서였다. '영광' 은 하나님의 복음의 특질이며(참고. 딤전 1:11), 예수 그리스도께서 취하신 것이다(참고. 딤전 3:16). 이것은 장차 믿는 자들에게 주어질 종말론적인 선물이다(참고. 벧전 1:6-12; 4:13; 롬 8:17). 바울은 사람들이 그리스도를 믿어 구원을 얻는 놀라운 일을 위하여 모든 고난을 참았다.

11-13절 | 네 개의 조건문

> 11 미쁘다 이 말이여 우리가 주와 함께 죽었으면 또한 함께 살 것이요 12 참으면 또한 함께 왕 노릇 할 것이요 우리가 주를 부인하면 주도 우리를 부인하실 것이라 13 우리는 미쁨이 없을지라도 주는 항상 미쁘시니 자기를 부인하실 수 없으시리라

이 구절들은 고대의 찬송단편이었을 수도 있고 신앙고백문이었을 수도 있다. 아마도 세례식에서 예전문답으로 사용되었을 가능성이 높다. 문두에 있는 '미쁘다 이 말이여' (here is a trustworthy saying)라는 어구는 다른 성경에는 나오지 않고 오로지 목회서신에만 다섯 번 나온다(참고. 딤전 1:15; 3:1;

4:9; 딛 3:8).[107] 바울은 네 개의 조건문들(conditional sentences)을 말한다. 이 구절들은 전형적인 히브리 시 대구법의 형식으로 되어 있다. 이 부분을 히브리 시 운율의 패턴을 고려하여 번역(personal translation)하면 다음과 같다.

> 만일 우리가 그분과 함께 죽었으면, 우리가 또한 그분과 함께 살아날 것이다.
> (εἰ γὰρ συναπεθάνομεν, καὶ συζήσομεν)
> 만일 우리가 참으면, 우리가 또한 그분과 함께 다스릴 것이다.
> (εἰ ὑπομένομεν, καὶ συμβασιλεύσομεν)
> 만일 우리가 부인하면, 그분이 또한 우리를 부인하실 것이다.
> (εἰ ἀρνησόμεθα, κἀκεῖνος ἀρνήσεται ἡμᾶς)
> 만일 우리가 신실하지 않으면, 그분은 여전히 신실하신데, 이는 그분이 그분 자신을 부인하실 수 없기 때문이다.
> (εἰ ἀπιστοῦμεν, ἐκεῖνος πιστὸς μένει, ἀρνήσασθαι γὰρ ἑαυτὸν οὐ δύναται)

첫째로, 우리가 주님과 함께 죽으면 주님과 함께 살아날 것이라는 말은 두 가지 의미의 가능성을 가진다. 하나는 우리가 고난(죽음)을 두려워하지 말아야 한다는 것이다. 이것은 8-10절과 잘 어울린다. 다른 하나는 우리가 죄에 대하여 죽어야 한다는 것이다. 이것은 바울이 다른 서신에서 말한 '만일 우리가 그리스도와 함께 죽었으면 또한 그와 함께 살 줄을 믿노니'라는 말씀을 기억나게 한다(참고. 롬 6:8). 바울은 이 두 가지 의미를 모두 염두에 둔 것으로 보인다.

둘째로, 참아야 하는 것(endurance)은 예수님 자신의 삶에서 드러났고(참고. 히 12:2-3; 벧전 2:20-21), 바울의 삶에서도 드러났다(참고. 딤후 2:10). 바울은 여기서 '참는다'(휘포메노멘)라는 단어를 현재시제로 사용하여 우리가 박해

---

107) 참고. George W. Knight III, 1979.

와 고난이 있는 이 세상에서 사는 동안 끊임없이 참아야 한다는 사실을 강조한다.[108] 주님과 함께 다스릴 것이라는 말은 장차 천국에서 신자들의 위치가 어떠할지를 알려준다. 참는 자는 의의 면류관을 쓸 것이다(참고. 4:8).

셋째로, 우리가 주님을 부인하면 주님도 우리를 부인하실 것이라는 말은 종말론적인 함의를 가진다. 이 말은 예수님께서 말씀하신 '누구든지 사람 앞에서 나를 부인하면 나도 하늘에 계신 내 아버지 앞에서 그를 부인하리라' 라는 문구를 떠올린다(참고. 마 10:33). 바울은 최후 심판(판결)의 현장에서 일어날 일을 동원하여 우리가 어떠한 경우에도 주님을 부인하지 않아야 한다고 말한다. 따라서 이 말은 매우 강한 경고이다.

넷째로, 우리의 신실하지 못함과 주님의 신실하심이 대조된다. 우리는 신실하지 않다 하더라도 주님은 여전히 신실하신 분인데 이는 그분의 성품이 그러하기 때문이다. 주님의 신실하심은 우리의 연약함을 용서하시는 근거가 되며 우리의 구원에 대한 보증이 된다(참고. 히 6:17-18). 우리는 주님을 신뢰해야 하며 주님의 복음을 전하는 데 신실해야 하지만, 설사 그렇지 못하다 하더라도 주님께서 여전히 우리를 사랑하신다는 사실을 알고 용기를 가져야 한다.

2:14-26 바른 복음을 전함

¹⁴ 너는 그들로 이 일을 기억하게 하여 말다툼을 하지 말라고 하나님 앞에서 엄히 명하라 이는 유익이 하나도 없고 도리어 듣는 자들을 망하게 함이라 ¹⁵ 너는 진리의 말씀을 옳게 분별하며 부끄러울 것이 없는 일꾼으로 인정된 자로 자신을 하나님 앞에 드리기를 힘쓰라 ¹⁶ 망령되고 헛된 말을 버리라 그들은 경건하지 아니함에 점점 나아가나니 ¹⁷ 그들의 말은 악성 종양이 퍼져

나감과 같은데 그 중에 후메내오와 빌레도가 있느니라 ¹⁸ 진리에 관하여는 그들이 그릇되었도다 부활이 이미 지나갔다 함으로 어떤 사람들의 믿음을 무너뜨리느니라 ¹⁹ 그러나 하나님의 견고한 터는 섰으니 인침이 있어 일렀으되 주께서 자기 백성을 아신다 하며 또 주의 이름을 부르는 자마다 불의에서 떠날지어다 하였느니라 ²⁰ 큰 집에는 금 그릇과 은 그릇뿐 아니라 나무 그릇과 질그릇도 있어 귀하게 쓰는 것도 있고 천하게 쓰는 것도 있나니 ²¹ 그러므로 누구든지 이런 것에서 자기를 깨끗하게 하면 귀히 쓰는 그릇이 되어 거룩하고 주인의 쓰심에 합당하며 모든 선한 일에 준비함이 되리라 ²² 또한 너는 청년의 정욕을 피하고 주를 깨끗한 마음으로 부르는 자들과 함께 의와 믿음과 사랑과 화평을 따르라 ²³ 어리석고 무식한 변론을 버리라 이에서 다툼이 나는 줄 앎이라 ²⁴ 주의 종은 마땅히 다투지 아니하고 모든 사람에 대하여 온유하며 가르치기를 잘하며 참으며 ²⁵ 거역하는 자를 온유함으로 훈계할지니 혹 하나님이 그들에게 회개함을 주사 진리를 알게 하실까 하며 ²⁶ 그들로 깨어 마귀의 올무에서 벗어나 하나님께 사로잡힌 바 되어 그 뜻을 따르게 하실까 함이라

바울은 디모데에게 거짓 교사들에 대항하여 바른 복음을 전하라고 당부한다. 디모데는 분명히 거짓 교사들의 강한 저항에 직면할 것이다. 그들과 싸우는 일은 결코 쉽지 않다. 하지만 그는 그들과 싸워서 이겨야 한다. 그리고 바울은 디모데에게 깨끗한 사람이 되라고 말한다. 그는 거짓 선생들처럼 어리석고 무식한 사람이 되어서는 안 된다. 그는 교훈과 삶 모두에서 거룩함과 의로움을 추구해야 한다.

14-19절 | 진리의 말씀을 가르침

¹⁴ 너는 그들로 이 일을 기억하게 하여 말다툼을 하지 말라고 하나님 앞에서 엄히 명하라 이는 유익이 하나도 없고 도리어 듣는 자들을 망하게 함이라 ¹⁵ 너는 진리의 말씀을 옳게 분별하며 부끄러울 것이 없는 일꾼으로 인정된 자로 자신을 하나님 앞에 드리기를 힘쓰라 ¹⁶ 망령되고 헛된 말을 버

리라 그들은 경건하지 아니함에 점점 나아가나니 17 그들의 말은 악성 종양이 퍼져나감과 같은데 그 중에 후메내오와 빌레도가 있느니라 18 진리에 관하여는 그들이 그릇되었도다 부활이 이미 지나갔다 함으로 어떤 사람들의 믿음을 무너뜨리느니라 19 그러나 하나님의 견고한 터는 섰으니 인침이 있어 일렀으되 주께서 자기 백성을 아신다 하며 또 주의 이름을 부르는 자마다 불의에서 떠날지어다 하였느니라

14절: 바울은 앞에서 디모데에게 '너로 생각하게 하노니' 라고 함으로 디모데가 생각할 것을 당부했는데(1:6), 이제는 '너는 그들로 이 일을 기억하게 하여' 라는 말함으로써 바울이 가르쳐준 교훈을 디모데만 기억하고 따를 것이 아니라 그가 다른 사람들에게 가르쳐서 그들도 기억하고 따르게 하라고 말한다. 특히 여기에 사용된 동사 휘포미므네스케의 시제가 현재형인데 이는 계속해서 이 일을 하라는 뜻이다. 디모데는 사람들에게 '말다툼' 을 하지 말라고 엄히 명해야 한다. 말다툼은 거짓 교훈으로 인하여 발생하는 무식한 변론과 언쟁을 뜻한다(참고. 2:23; 딤전 6:4; 딛 3:9). 이러한 말다툼은 유익이 하나도 없고 도리어 듣는 사람들을 망하게 한다.

15절: '진리의 말씀을 옳게 분별하며' 에서 '옳게 분별하다' 에 해당하는 헬라어 단어 오르또토메오는 신약성경에서 여기에만 나오는데 숙련된 장인이 정교한 기술을 가지고 대상을 능숙하게 다루는 것을 뜻한다. 따라서 이것은 하나님의 말씀을 깊은 성찰과 바른 분별력을 가지고 정확하게 파악하라는 뜻이다.[109] 당시에 거짓 선생들은 거짓된 교훈으로 사람들을 오도하였다. 이에 디모데와 같은 목회자들은 바른 교훈을 알아서 사람들에게 가르쳐야 했으며 동시에 거짓 교훈에 대한 충분한 변증 능력을 키워야

---

109) Guthrie는 이것을 다음과 같이 표현한다. "The shame that any workman feels when the incompetence or shoddiness of his work is detected is used as a figure for the Christian ministry." Donald Guthrie, 147.

했다. '자신을 하나님 앞에 드리기를 힘쓰라' 는 것은 헌신과 충성을 뜻한다(참고. 롬 6:13; 고전 8:8).

16절: '망령되고 헛된 말' 은 거짓 교사들의 거짓 교훈을 의미한다(참고. 딤전 4:7; 6:20). 그들의 말을 들으면 점점 경건하지 않게 된다. 즉 그들의 말은 처음에 괜찮은 것 같지만 자신도 모르는 사이에 점점 악한 상태에 빠지게 한다. '악성 종양이 퍼져 나감' 이라는 표현은 의학적 표현이다.[110] 이처럼 바울은 강한 표현을 사용하여 거짓 교훈의 위험성과 급속한 전파력을 강조한다. 그는 당시에 활동하던 대표적인 거짓 교사들인 후메내오와 빌레도를 거명한다. 후메내오는 디모데전서 1:20에 나오는 사람과 동일인으로 보이며 빌레도는 여기에만 나온다. 이들의 이름을 굳이 언급하는 것은 다른 사람들로 하여금 경각심을 가지게 하기 위해서이다.

18절: 후메내오와 빌레도 같은 거짓 교사들은 부활이 이미 지나갔다고 주장하였다. 부활이 이미 지나갔다고 말하는 것은 부활의 영적인 측면(현재성)만을 강조하고 육체적인 측면(미래성)을 부인하는 것이다. 그리하여 이것은 부활을 부정하는 것으로 귀결된다. 이러한 주장을 고수하는 자들은 사람들의 믿음을 무너뜨린다. '무너뜨리다' (아나트레포)라는 동사는 도시나 건물이 파괴될 때 사용되기에 강한 어감을 가진다. 따라서 부활이 이미 지나갔다고 말하는 자들은 기독교의 근본을 뒤흔드는 매우 위험한 자들이다. 당시 헬라의 이원론적인 사고에 젖은 사람들은 육체의 부활을 믿지 않으려는 경향을 가지고 있었다.[111]

---

110) 참고. Abraham J. Malherbe, "Medical Imagery in the Pastoral Epistles," in W. Eugene March (ed.), *Texts and Testaments: Critical Essays on the Bible and Early Church Fathers*, San Antonio: Trinity University Press, 1980, 19-35.

111) 바울은 이런 자들과 유사한 자들을 경험한 적이 있다(참고. 고전 15:12-20).

19절: 비록 거짓 교사들의 훼방이 있지만 하나님의 '견고한 터'는 섰다. '견고한 터'가 섰다는 말은 진리의 기초 위에 든든히 서 있는 교회를 상징한다(참고. 고전 3:10-15; 엡 2:19-22). '인침'은 '명문으로 인치는 것'(sealed with this inscription)을 의미한다. 바울은 구약의 두 구절을 느슨하게 인용하여 말한다. 먼저, '주께서 자기 백성을 아신다'는 말은 고라와 다단과 아비람의 반역을 배경으로 하는데, 신자들의 특권을 뜻한다(참고. 민 16:5). 다음으로, '주의 이름을 부르는 자마다 불의에서 떠날지어다'라는 말은 신자들의 책임을 뜻한다(참고. 사 26:13). 비록 거짓 선생들이 교회를 어지럽히고 사람들을 미혹하더라도 신자들은 특권을 가지고 책임을 이행하여 흔들리지 말아야 한다.

20-21절 | 그릇 비유

> 20 큰 집에는 금 그릇과 은 그릇뿐 아니라 나무 그릇과 질그릇도 있어 귀하게 쓰는 것도 있고 천하게 쓰는 것도 있나니 21 그러므로 누구든지 이런 것에서 자기를 깨끗하게 하면 귀히 쓰는 그릇이 되어 거룩하고 주인의 쓰심에 합당하며 모든 선한 일에 준비함이 되리라

20절: 바울은 19절에서 건물 이미지를 사용하여 말했는데, 이제 건물(집) 안에서 사용하는 그릇을 소재로 삼아 말한다. 이는 교회를 하나님의 가정으로 보는 가정 은유(family metaphor)와 연관된다. 더욱이 그릇을 소재로 삼는 것은 성경에 자주 나온다(예. 롬 9:21; 사 29:16; 45:9). 큰 집에는 여러 종류의 그릇이 있다. 금 그릇과 은 그릇 같이 귀하게 쓰는 것도 있고 나무 그릇이나 질 그릇 같이 천하게 쓰는 것도 있다. 여기서 귀하게 쓰는 그릇과 천하게 쓰는 그릇의 대조는 좋은 일꾼과 좋지 않은 일꾼의 대조와 병행된다.

21절: 누구든지 자기를 깨끗하게 하면 귀하게 쓰는 그릇이 될 것이다(참

고. 고전 5:7). 자기를 깨끗하게 한다는 것은 바른 교훈(바른 교리)을 따르고 바른 삶(바른 윤리)을 사는 것을 의미한다. 이런 자들은 귀하게 쓰는 그릇이 되어 거룩하고 주인의 쓰심에 합당하며 모든 선한 일에 준비함이 된다. 여기서 바울은 그릇 자체를 바꾸라고 말하지 않고 그릇을 깨끗하게 하라고 말한다.[112] 이는 결단의 촉구이다. 모든 선한 일에 준비한다는 것은 디도서 1:16을 통하여 그 의미를 생각할 수 있는데, 거짓 선생들과 달리 하나님을 입으로 시인할 뿐만 아니라 행위로도 시인하는 자의 삶을 가리킨다(참고. 딛 2:14).

22-26절 | 사역자의 처신과 사명

> [22] 또한 **너는 청년의 정욕을 피하고 주를 깨끗한 마음으로 부르는 자들과 함께 의와 믿음과 사랑과 화평을 따르라** [23] 어리석고 무식한 변론을 버리라 이에서 다툼이 나는 줄 앎이라 [24] 주의 종은 마땅히 다투지 아니하고 모든 사람에 대하여 온유하며 가르치기를 잘하며 참으며 [25] 거역하는 자를 온유함으로 훈계할지니 혹 하나님이 그들에게 회개함을 주사 진리를 알게 하실까 하며 [26] 그들로 깨어 마귀의 올무에서 벗어나 하나님께 사로잡힌 바 되어 그 뜻을 따르게 하실까 함이라

22절: '청년의 정욕'(네오테리카스 에피뜌미아스)이란 청년들에게 쉽게 일어나는 여러 육체의 정욕이다. 이것은 성적인 정욕과 세상의 명예와 물질의 욕심을 비롯하여 말다툼과 같은 어리석고 무의미한 행동을 포괄한다(참고. 1:14). '피하라'(퓨게)라는 단어는 현재시상으로 되어 있어서 계속적인 행동을 촉구한다. 거짓 선생들과 그들의 추종자들은 정욕을 따른다(참고. 3:6; 4:3). 하지만 바른 교훈을 따르는 자들은 그러한 정욕을 피해야 한다. '주를 깨끗한 마음으로 부르는 자들'은 경건한 자들을 가리킨다. 그들은 자신들

---

112) Benjamin Fiore, S. J., 159.

을 깨끗하게 하여 주님의 쓰심에 합당하게 준비한다. '의와 믿음과 사랑과
화평을 따르라'는 말은 사역자의 바른 처신을 상기시킨다(참고. 딤전 4:12;
6:11). 여기서 '따르라'(디오케)라는 단어도 '피하라'와 마찬가지로 현재시
상으로 되어 있어서 계속적인 행동을 촉구한다.

23절: 목회서신의 기록목적들 가운데 하나는 거짓 교사들의 가르침을
어떻게 변증하는가와 그러한 교훈을 따르는 자들을 어떻게 멀리하는지를
가르치는 데 있다(참고. 딤전 4:7; 딤후 2:16; 딛 3:9-10).[113] 이에 바울은 반복하여
거짓 교사들의 행태를 비난한다. 그들과 접촉하는 것은 필시 어리석고 무
식한 변론이 되어 다툼으로 이어진다. 그들은 교만하고 무식하여 변론과
언쟁을 좋아한다(참고. 딤전 6:4). 따라서 그리스도인들은 진리를 알고 그 진
리에 따라 행동해야 하며 거짓 교사들과는 아예 상종하지 말아야 한다(참
고. 딛 3:10).

24절: '종'이란 표현은 교회에 대한 가정 이미지에 어울린다(참고. 롬 1:1;
갈 1:1; 딛 1:1). '주의 종'은 주님과 그분의 교훈에 복종해야 한다. 그는 다투
지 않아야 한다. 그는 모든 사람에 대하여 온유해야 한다. 온유함(gentleness)
은 감독에게 요구되었던 자질인데 여기서 주의 종에게 다시 요구된다(참
고. 딤전 3:2-3; 딛 1:7-9). 이것은 거짓 교사들의 다투는 특성과 반대된다. 사실
바울은 복음을 전하면서 반대에 부딪혔을 때 다투는 것(변증)을 멈추지 않
았다(참고. 갈 2:11). 따라서 여기서의 다툼이란 복음을 전하면서 생기게 되
는 다툼(변증)이 아니라 아무런 유익이 없는 허망한 변론과 언쟁이다. 그러
한 다툼은 사람을 변화시키지 못한다.

25절: 주의 종은 '거역하는 자'를 온유함으로 훈계해야 한다(참고. 고후

113) Benjamin Fiore, S. J., 160.

10:1; 갈 6:1; 엡 4:2; 벧전 3:15). '거역하는 자' 란 진리를 모르는 비신자들과 거
짓 교사들을 가리킨다. 하지만 이들은 회개할 가능성이 있는 자들이다. 거
짓 교훈에 완전히 넘어간 자들은 돌아올 가능성이 거의 없다. 주의 종이
거역하는 자를 온유함으로 훈계하면 하나님께서 그들에게 회개함을 주셔
서 진리를 알게 하실 수도 있다. 목회서신에서 진리를 안다는 것은 구원을
의미하는데, 하나님은 모든 사람이 진리를 알고 구원받기를 원하신다(참고.
딤전 2:4; 딤후 3:7).

　26절: 거역하는 자를 온유함으로 훈계하면 그들이 깨어 마귀의 올무에
서 벗어날 수도 있다. '깨어 벗어나다' 에 사용된 헬라어 동사 *아나넵소신*
은 가정법 아오리스트(aorist) 형태인데 이는 하나님의 일하심을 의미한다.
즉 그들에게 진리의 말씀을 가르쳤을 때 성령 하나님이 역사하셔서 그들
을 깨어 돌아오게 하시는 것을 뜻한다. 그들은 마귀의 올무에서 벗어나 하
나님께 사로잡힌 바 되어 그분의 뜻을 따를 것이다(참고. 딤전 3:7). 여기서
바울은 '마귀의 올무' 와 '하나님께 사로잡힘' 을 대조한다. 이것은 '마귀
의 종' 과 '주님의 종' 의 대조이다.

3:1-9 마지막 때의 불경건함

¹ 너는 이것을 알라 말세에 고통하는 때가 이르러 ² 사람들이 자기를 사랑하
며 돈을 사랑하며 자랑하며 교만하며 비방하며 부모를 거역하며 감사하지
아니하며 거룩하지 아니하며 ³ 무정하며 원통함을 풀지 아니하며 모함하며
절제하지 못하며 사나우며 선한 것을 좋아하지 아니하며 ⁴ 배신하며 조급
하며 자만하며 쾌락을 사랑하기를 하나님 사랑하는 것보다 더하며 ⁵ 경건
의 모양은 있으나 경건의 능력은 부인하니 이같은 자들에게서 네가 돌아서
라 ⁶ 그들 중에 남의 집에 가만히 들어가 어리석은 여자를 유인하는 자들이
있으니 그 여자는 죄를 중히 지고 여러 가지 욕심에 끌린 바 되어 ⁷ 항상 배

우나 끝내 진리의 지식에 이를 수 없느니라 8 얀네와 얌브레가 모세를 대적한 것 같이 그들도 진리를 대적하니 이 사람들은 그 마음이 부패한 자요 믿음에 관하여는 버림 받은 자들이라 9 그러나 그들이 더 나아가지 못할 것은 저 두 사람이 된 것과 같이 그들의 어리석음이 드러날 것임이라

이 단락에서 바울은 여러 다양한 죄들을 나열한다. 이를 통하여 그는 거짓 교훈을 따르는 자들의 실상을 공개한다. 그들은 의로운 자들인 척 하지만 사실은 불의한 자들이다. 그들은 경건의 모양을 가지고 있었으나 경건의 능력을 가지고 있지 않다. 그들은 끝내 진리의 지식에 이를 수 없다. 그들의 어리석음과 불의함은 언젠가 반드시 드러난다.

1–5절 | 고통 하는 때

1 너는 이것을 알라 말세에 고통하는 때가 이르러 2 사람들이 자기를 사랑하며 돈을 사랑하며 자랑하며 교만하며 비방하며 부모를 거역하며 감사하지 아니하며 거룩하지 아니하며 3 무정하며 원통함을 풀지 아니하며 모함하며 절제하지 못하며 사나우며 선한 것을 좋아하지 아니하며 4 배신하며 조급하며 자만하며 쾌락을 사랑하기를 하나님 사랑하는 것보다 더하며 5 경건의 모양은 있으나 경건의 능력은 부인하니 이같은 자들에게서 네가 돌아서라

1절: '말세에' (엔 에스카타이스 헤메라이스, in the last days)는 종말론적인 표현이다(참고. 딤전 4:1). 종말은 오순절에 성령이 강림하신 때부터(행 2:17) 예수님이 재림하시기 전까지의 기간을 뜻한다(참고. 벧후 3:3; 유 18절). 신약성경의 종말에는 현재 종말과 미래 종말이 있다. 하나님의 나라(천국)는 이미 이땅에 임하였지만 장차 예수님의 강림(파루시아)과 함께 완전히 이루어질 것이다. '고통 하는 때' (terrible times)는 교회 공동체가 어려움을 겪고 있는 때를 뜻한다. 교회는 당시에 이미 어려움을 겪고 있었지만 신약시대 전체에 걸

처 어려움을 겪을 것이다.[114] 그것은 종말이 되어갈수록 더욱 강화되고 보편화될 것이다.

2-4절: 바울은 죄들을 나열한다. 이것은 로마서 1:29-31에 기초한 것으로 보인다(참고. 딤전 1:9-10; 6:3-5). 바울은 사람들의 죄들을 나열할 때 특정한 성격에 따라 일정한 순서대로 하지 않고 아무런 순서 없이 한다. 바울의 관심은 죄의 종류나 수효에 있는 것이 아니라 '수많은 죄들' 그 자체에 있다. 이러한 죄들은 이미 과거에 존재했지만, 인류 역사에 계속 존속하고 있으며, 세상의 마지막에 이르러 극에 달할 것이다. 실로 사탄과 거짓 교사들의 미혹에 이끌린 자들은 자연스럽게 온갖 죄를 짓는다. 그들은 부패하여 스스로 정죄한 자로서 죄를 짓는다(참고. 딛 3:11).

5절: 바울은 죄의 목록을 제시한 후에 경건의 모양(외형)과 경건의 능력(실재)을 대조한다. 이러한 대조는 디도서 1:16에 서술된 하나님을 입으로는 시인하지만 행위로는 부인하는 가증한 자들의 모습을 연상시킨다. 거짓 선생들은 겉으로는 경건한 척 하지만 실제로는 전혀 그렇지 않다. 그들은 말과 행동이 다른 자들이다. 그들의 삶은 2-4절에 묘사된 대로이다. 그리하여 바울은 디모데에게 '이 같은 자들에게서 네가 돌아서라' 라고 말한다. '돌아서라' 에 해당하는 헬라어 단어는 *아포트레푸*인데, 이것은 강한 표현으로 '피하라' 혹은 '관계를 맺지 말라' 는 뜻이다(참고. 2:23). 디모데는 그들과 지낼 방법을 궁리할 것이 아니라 아예 그들을 떠나야 한다(참고. 딛 3:10).

6-9절 | 가만히 미혹하는 자들

⁶ 그들 중에 남의 집에 가만히 들어가 어리석은 여자를 유인하는 자들이 있

---

114) Donald Guthrie, 156.

으니 그 여자는 죄를 중히 지고 여러 가지 욕심에 끌린 바 되어 7 항상 배우
나 끝내 진리의 지식에 이를 수 없느니라 8 얀네와 얌브레가 모세를 대적한
것 같이 그들도 진리를 대적하니 이 사람들은 그 마음이 부패한 자요 믿음
에 관하여는 버림 받은 자들이라 9 그러나 그들이 더 나아가지 못할 것은
저 두 사람이 된 것과 같이 그들의 어리석음이 드러날 것임이라

6절: '그들 중에' 란 '거짓 교사들 중에' 라는 뜻이다. '남의 집에 가만히
들어가' 라는 표현은 거짓 교사들이 가정 교회에 몰래 침입하여 활동하는 것
을 의미한다. 그들은 잘못된 교리를 가르쳤는데 거기에다 윤리적인(성적인)
죄까지 범하였다. 그들은 '어리석은 여자들' 을 유인했다. 주후 1세기 가
부장적 사회에서는 여인들을 향하여 어리석다고 말하는 경우가 많았다.
하지만 여기서 바울이 말하고자 하는 것은 여인들 자체가 어리석다는 것
이 아니라 그들이 거짓 교사들에 의해서 미혹을 받았기 때문에 어리석다
는 것이다.[115)

7절: 목회서신은 줄곧 믿음의 지적인 측면을 강조한다. 바울은 하나님
께서 모든 사람이 구원을 받으며 진리를 아는 데에 이르기를 원하신다고
말하였다(참고. 딤전 2:4). 하지만 거짓 선생들은 망령되고 헛된 말과 거짓된
지식을 가지고 있다(참고. 딤전 6:20). 그리하여 그들에게서 배운 자들, 즉 거
짓 가르침에 이끌린 자들은 항상 배우지만 끝내 진리의 지식에 이를 수 없
다. 그러므로 그들은 진리를 바로 배워야 한다. 특히 여자들은 일체 순종
함으로 진리를 배워야 한다(참고. 딤전 2:11).[116) 그것이 구원을 얻는 길이다.

8절: 얀네와 얌브레가 모세를 대적했다는 말은 모세오경이나 구약성경
의 다른 곳에 나오지 않는다. 이들에 관한 이야기는 랍비문학에 나온

---

115) 바울은 결코 여성을 남성보다 열등한 존재로 보지 않았다(참고. 엡 4:14).
116) Benjamin Fiore, S. J., 168.

다.117) 그들은 마술사들로서 모세를 대적하였다. 바울은 모세와 이집트 마술사들의 대치 관계를 대조하면서 디모데와 거짓 교사들의 대치 관계를 설명한다. 실제로 거짓 교사들은 자칭 '율법의 선생'이라고 주장했기 때문에 이러한 유비는 적절하다(참고. 딤전 1:7). 더욱이 디모데와 거짓 교사들의 싸움은 모세와 이집트 마술사들의 싸움에 필적할 만큼 치열한 것이었다. 그들은 '마음이 부패한 자요 믿음에 관하여는 버림받은 자들'이다(참고. 딤전 6:5).118)

9절: 거짓된 교훈을 따르는 자들은 더 나아가지 못한다. 이는 바울이 디모데에게 전심전력하여 그의 성숙함을 모든 사람에게 나타나게 하라고 권면한 것을 떠올린다(참고. 딤전 4:15). 얀네와 얌브레처럼 그들의 어리석음은 반드시 드러날 것이다. 이것은 바울이 디모데전서 5:24-25에서 말한 바 사람들의 죄와 선행이 언젠가 밝히 드러날 것이라는 종말론적인 경고를 상기시킨다. 한편, 바울은 여기서 얀네와 얌브레를 언급하고, 1:15에서 부겔로와 허모게네를, 그리고 2:17에서 후메내오와 빌레도를 언급함으로 배교자들의 이름을 구체적으로 거론하여 사람들의 각성을 촉구한다.

3:10-17 박해를 참고 성경을 가르침

10 나의 교훈과 행실과 의향과 믿음과 오래 참음과 사랑과 인내와 11 박해를 받음과 고난과 또한 안디옥과 이고니온과 루스드라에서 당한 일과 어떠한 박해를 받은 것을 네가 과연 보고 알았거니와 주께서 이 모든 것 가운데서 나를 건지셨느니라 12 무릇 그리스도 예수 안에서 경건하게 살고자 하는 자는 박해를 받으리라 13 악한 사람들과 속이는 자들은 더욱 악하여져서 속이

117) 이 이야기는 출애굽기 7:11에 대한 아람어 번역인 *the Targum of Jonathan*에 나오며 초기 기독교 관련 문헌들에 나온다(예. *Damascus Document* 5:17-19).

118) 참고. Lester L. Grabbe, "The Jannes-Jambres Tradition in Targum Pseudo-Jonathan and Its Date," *JBL* 98 (1979): 393-401.

기도 하고 속이도 하나니 ¹⁴ 그러나 너는 배우고 확신한 일에 거하라 너는 네가 누구에게서 배운 것을 알며 ¹⁵ 또 어려서부터 성경을 알았나니 성경은 능히 너로 하여금 그리스도 예수 안에 있는 믿음으로 말미암아 구원에 이르는 지혜가 있게 하느니라 ¹⁶ 모든 성경은 하나님의 감동으로 된 것으로 교훈과 책망과 바르게 함과 의로 교육하기에 유익하니 ¹⁷ 이는 하나님의 사람으로 온전하게 하며 모든 선한 일을 행할 능력을 갖추게 하려 함이라

바울은 이제 디모데가 거짓 교사들과 어떻게 싸워야 할지를 말한다. 그는 자신의 삶을 회고적으로 말함으로써 디모데에게 교훈을 주며, 디모데가 성경을 가르침으로 직무를 성실히 수행할 것을 권면한다. 특히 바울은 성경의 신적인 권위와 신성한 능력을 언급한다.

10–13절 | 박해를 참음

¹⁰ 나의 교훈과 행실과 의향과 믿음과 오래 참음과 사랑과 인내와 ¹¹ 박해를 받음과 고난과 또한 안디옥과 이고니온과 루스드라에서 당한 일과 어떠한 박해를 받은 것을 네가 과연 보고 알았거니와 주께서 이 모든 것 가운데서 나를 건지셨느니라 ¹² 무릇 그리스도 예수 안에서 경건하게 살고자 하는 자는 박해를 받으리라 ¹³ 악한 사람들과 속이는 자들은 더욱 악하여져서 속이기도 하고 속기도 하나니

10절: 바울은 디모데에게 자신을 따르라고 하면서, 그의 교훈, 행실, 의향, 믿음, 오래 참음, 사랑, 그리고 인내를 말한다. 헬라어 본문에서 문장의 제일 앞에 인칭대명사 '너'(you)에 해당하는 *쉬*가 있으며 그 다음에 접속사 '그러나'에 해당하는 *데*가 있어서 거짓 선생들의 가증스럽고 타락한 모습과 전혀 반대되는 디모데의 선한 행실에 대한 요청이 강조된다. 디모데는 바울과 동행하면서 그의 가르침을 들으며 배웠고 그의 삶을 지켜보

며 배웠다. 그리하여 그는 바울로부터 전인적인 교육을 받았다(참고. 딤전 6:11).

11절: 바울은 특히 안디옥과 이고니온과 루스드라에서 당한 일을 언급한다. 이 지역들은 바울이 제1차 전도여행 때 방문했던 곳들로서 그가 바나바와 함께 박해를 받았던 곳들이다(참고. 행 13:13-14:20). 디모데는 제2차 전도여행 때부터 합류했기에(참고. 행 16:1) 이곳에 있지 않았다. 하지만 루스드라는 그의 고향이어서(참고. 행 16:1-2), 그는 거기에서 일어난 일들을 어느 정도 들어서 알고 있었다. 혹은 그것을 눈으로 보았을 수도 있다. 분명히 그는 바울의 사역에서 고난이 차지하는 비중을 알고 있었다. 바울은 '주께서 이 모든 것 가운데 나를 건지셨느니라' 라고 말함으로써 자신이 고난을 참고 견딜 수 있었던 것은 주님의 은혜라는 사실을 고백한다(참고. 시 34:19).

12절: 바울은 경건하게 살고자 하는 자가 박해를 받으리라고 말한다(참고. 행 14:21). 이는 경건한 신자들에게 고난이 오는 것이 당연하다는 뜻이다(참고. 2:3). 따라서 신자들은 고난 당하는 것을 이상하게 여기지 말아야 한다(참고. 벧전 4:12). 경건하게 살고자 하는 자는 복음으로 변화된 자이며 그러한 자는 이 세상의 가치관과 전혀 다른 삶을 살고 있는 자이다. 게다가 주님의 복음은 사탄이 다스리는 이 세상과 근본적으로 대치된다. 그런 가운데 사탄은 복음이 널리 전파되는 것을 차단하기 위하여 복음을 전하는 자들을 가만히 놔두지 않는다.

13절: 악한 사람들과 속이는 사람들은 같은 부류의 사람들이다. 즉 악한 사람들이 곧 속이는 사람들이다. 이들은 거짓 교훈에 물들어서 거짓된 삶을 산다. 그들은 거짓의 아비인 마귀를 닮았다(참고. 요 8:44). 마귀는 오래전

아담과 하와를 속였을 뿐만 아니라 끊임없이 인류를 속여 왔으며 앞으로
도 그럴 것이다. 우리도 그에게서 속은 자들이다(참고. 딛 3:3). 마귀에게 사
로잡힌 자들은 2-4절에 제시된 죄 가운데 살고 있다. 그들은 더욱 악하여
져서 속이기도 하고 속기도 한다. 즉 그들은 나쁜 쪽으로 점점 진보한
다.[119] 이는 바울이 2:16에서 말한 대로 경건하지 아니함에 점점 나아가는
것과 같다.

14-17절 | 성경을 가르침

> [14] 그러나 너는 배우고 확신한 일에 거하라 너는 네가 누구에게서 배운 것
> 을 알며 [15] 또 어려서부터 성경을 알았나니 성경은 능히 너로 하여금 그리
> 스도 예수 안에 있는 믿음으로 말미암아 구원에 이르는 지혜가 있게 하느
> 니라 [16] 모든 성경은 하나님의 감동으로 된 것으로 교훈과 책망과 바르게
> 함과 의로 교육하기에 유익하니 [17] 이는 하나님의 사람으로 온전하게 하며
> 모든 선한 일을 행할 능력을 갖추게 하려 함이라

14절: 헬라어 본문에서 이 구절은 10절과 마찬가지로 쉬('너는')와 데('그
러나')로 시작한다. 이는 디모데가 앞에서 언급한 악한 자들(속이는 자들)과
분명히 달라야 한다는 사실을 강조하기 위해서이다. 악한 자들과 속이는
자들은 거짓된 가르침을 따르는 자들이다. 하지만 디모데는 '배우고 확신
한 일'에 거해야 한다. 즉 디모데는 성경의 가르침에 기초하여 흔들리지
말고 굳건하게 살아야 한다. 그는 또한 자신이 누구에게서 배웠는지를 알
아야 하는데, 이는 그가 배운 지식이 믿을 만한 것인지 그렇지 않은지를 판
별해야 하기 때문이다.[120]

---

119) Donald Guthrie, 162.

120) Benjamin Fiore, S. J., 170.

15절: 디모데는 어려서부터 성경을 알았다. 유대인들은 보통 5세나 6세 때부터 성경을 배운다(참고. 잠 4:3-5; 단 13:3). 디모데는 유대인 어머니 유니게로부터(참고. 1:5), 그리고 유대인 바울로부터(참고. 2:2; 3:10) 성경을 배웠다. 그런데 디모데의 어머니는 헬라인과 결혼하였고 디모데에게 할례를 행하지 않았다(참고. 행 16:1-3). 이것은 디모데의 어머니가 유대의 관습을 완전히 따른 것이 아님을 의미한다. 따라서 디모데가 어려서부터 성경을 배운 것은 그것이 유대의 관습이기 때문이 아니라 모든 신자들이 따라야 할 일이기 때문이다.[121] 성경은 능히 그리스도 예수 안에 있는 믿음으로 말미암아 구원에 이르는 지혜가 있게 한다. 실로 성경은 진리를 알게 한다(참고. 2:25). 그것은 독자들로 하여금 신앙에 이르게 하는 힘을 가지고 있다(참고. 약 1:18; 벧전 1:23).

16절: '모든 성경' 이란 일차적으로 구약성경을 가리키지만 또한 신약성경(이 시점까지 기록된 성경들)도 포함한다(참고. 딤전 5:18; 벧후 3:15-16).[122] '하나님의 감동' 에 해당하는 헬라어 단어 데오프뉴스토스는 여기에만 나오며 성경의 다른 곳이나 고대 문헌에는 나오지 않는다. 이것은 바울에 의해서 만들어진 단어로 보인다. 따라서 이 단어는 성경의 독특한 신적 기원과 권위를 강조한다. 여기서 '감동'(inspiration)이 어떤 개념인지 우리는 모른다(참고. 벧후 1:21). 이는 성경이 기록될 때의 감동이 더 이상 존재하지 않기 때문이다. 이것은 독특하고 유일한 것으로, 일반적인 성령의 조명(illumination)과 분명히 다르다.

17절: 바울은 성경의 목적을 말한다. 성경은 하나님의 사람으로 온전하게 하며 모든 선한 일을 행할 능력을 갖추게 한다. 이것은 성경의 수행력

---

121) Benjamin Fiore, S. J., 170.
122) '모든 성경' 이 가리키는 것이 무엇인지에 대하여, Donald Guthrie, 163을 보라.

(performative power)을 뜻한다. 성경은 그 자체로 힘을 가지고 있다. 히브리서 4:12에는 '하나님의 말씀은 살아 있고 활력이 있어 좌우에 날선 어떤 검보다도 예리하여 혼과 영과 및 관절과 골수를 찔러 쪼개기까지 하며 또 마음의 생각과 뜻을 판단하나니' 라고 기록되어 있다. 디모데는 하나님의 말씀에 거해야 한다(참고. 3:14). 그는 이 말씀을 충성된 사람들에게 가르쳐야 하며, 그들이 또 다른 사람들을 가르치게 해야 한다(참고. 2:2).

4:1-8 전도자의 삶

> [1] 하나님 앞과 살아 있는 자와 죽은 자를 심판하실 그리스도 예수 앞에서 그가 나타나실 것과 그의 나라를 두고 엄히 명하노니 [2] 너는 말씀을 전파하라 때를 얻든지 못 얻든지 항상 힘쓰라 범사에 오래 참음과 가르침으로 경책하며 경계하며 권하라 [3] 때가 이르리니 사람이 바른 교훈을 받지 아니하며 귀가 가려워서 자기의 사욕을 따를 스승을 많이 두고 [4] 또 그 귀를 진리에서 돌이켜 허탄한 이야기를 따르리라 [5] 그러나 너는 모든 일에 신중하여 고난을 받으며 전도자의 일을 하며 네 직무를 다하라 [6] 전제와 같이 내가 벌써 부어지고 나의 떠날 시각이 가까웠도다 [7] 나는 선한 싸움을 싸우고 나의 달려갈 길을 마치고 믿음을 지켰으니 [8] 이제 후로는 나를 위하여 의의 면류관이 예비되었으므로 주 곧 의로우신 재판장이 그 날에 내게 주실 것이며 내게만 아니라 주의 나타나심을 사모하는 모든 자에게도니라

앞에서 바울은 성경의 신적 권위와 능력을 말했는데, 이제 진지한 어조로 성경 말씀을 전해야 한다고 말한다. 그는 사람들이 진리를 좋아하지 않겠지만 중단하지 말고 전하라고 당부한다. 특히 그는 하나님이 주실 종말론적인 보상을 언급하면서 직무를 충실히 수행하도록 격려한다.

1-5절 | 말씀을 전해야 함

> [1] 하나님 앞과 살아 있는 자와 죽은 자를 심판하실 그리스도 예수 앞에서 그

가 나타나실 것과 그의 나라를 두고 엄히 명하노니 ² 너는 말씀을 전파하라
때를 얻든지 못 얻든지 항상 힘쓰라 범사에 오래 참음과 가르침으로 경책
하며 경계하며 권하라 ³ 때가 이르리니 사람이 바른 교훈을 받지 아니하며
귀가 가려워서 자기의 사욕을 따를 스승을 많이 두고 ⁴ 또 그 귀를 진리에
서 돌이켜 허탄한 이야기를 따르리라 ⁵ 그러나 너는 모든 일에 신중하여 고
난을 받으며 전도자의 일을 하며 네 직무를 다하라

1절: 바울은 '엄히 명하노니'(디아마르튀로마이, I solemnly urge you)라는 표현
을 사용한다. 특히 그는 주님이 살아 있는 자와 죽은 자를 심판하시는 분
이신 것과 장차 그분이 나타나실 것(에피파네이아)과 그분의 나라가 임할 것
을 언급하면서 엄숙하고 진지한 분위기를 조성한다. 예수 그리스도는 세
상의 마지막에 다시 오시며 그분이 오실 때 모든 살아 있는 자들과 죽은 자
들은 그분 앞에서 심판(판결)을 받는다(참고. 행 10:42; 벧전 4:5; 딤후 4:8). 그분의
오심으로 말미암아 신자들은 그분의 나라(천국)에 들어간다. 디모데는 이
러한 종말론적인 기대감을 가지고 하나님께서 부여하신 사명을 수행해야
한다.

2절: 바울은 디모데에게 말씀 전파자의 직무를 수행하라고 말한다(참고.
딤전 2:7; 딤후 1:11). '때를 얻든지 못 얻든지 항상 힘쓰라' 라는 표현은 어려운
여건과 불리한 상황에 굴하지 말고 말씀을 전해야 한다는 뜻이다.[123] 이것
은 말씀 전파자의 부지런함과 성실함을 시사하며 나아가서 종말의 임박성
과 연관된다. 범사에 오래 참음과 가르침으로 경책하며 경계하며 권하라
는 말은 말씀 전파자가 일관되게 충성스러운 자세를 가져야 함을 촉구할
뿐만 아니라, 성경의 교훈이 교리, 교훈, 권면, 책망, 격려 등 다양한 속성
을 가지고 있음을 보여준다.

123) 참고. Abraham J. Malherbe, "In Season and out of Season: 2 Timothy 4:2," *JBL* 103 (1984):
235-43.

3절: '때가 이르리니'라는 말은 3:1에서와 같이 현재적인 측면과 미래적인 측면을 모두 포함한다. 당시에 이미 복음에 대하여 적대적인 세력들이 존재했지만 앞으로도 그러한 세력들은 존재할 것이다. 주님의 복음은 결코 평탄하게 전파되지 않을 것이다. '사람이 바른 교훈을 받지 아니하며'라는 표현은 사람들이 거짓 교사들의 말에 쉽게 미혹되는 경향을 가지고 있다는 뜻이다. '귀가 가려워서'라는 표현은 사람들이 바른 가르침 대신에 자기가 좋아하는 말만 들으려 한다는 뜻이다. '자기의 사욕을 따를 스승을 많이 두고'라는 표현은 거짓 교훈이 가지고 있는 달콤하면서도 악한 속성을 시사한다(참고. 딤전 6:9; 딤후 2:22; 3:6; 딛 3:3).

4절: 사람들은 진리에서 돌이켜 허탄한 이야기를 따를 것이다(참고. 딤전 1:4; 4:7). 여기서 하나님의 말씀은 '진리'(truth)로 묘사되고, 거짓 교훈은 '허탄한 이야기'(myths)로 묘사된다. 하나님은 모든 사람이 진리를 아는 데 이르기를 원하신다(참고. 딤전 2:4). 하지만 악한 사탄은 사람들을 미혹하여 사람들이 진리에 관하여 그릇되게 만든다(참고. 2:18). 타락한 사람들은 바른 말씀을 좋아하지 않고 거짓된 교훈들을 좋아한다. 그러므로 말씀을 전하는 것은 결코 쉽지 않다. 하지만 사역자들은 말씀을 전할 때 때를 얻든지 못 얻든지 항상 힘써야 한다(참고. 2절).

5절: 바울은 '그러나 너는'(쉬 데, but you)이라는 말로 강한 전환을 꾀한다. 이것은 3:10과 3:14에서와 같다. 세상 사람들은 진리를 좋아하지 않고 거짓 이야기('허탄한 이야기')를 좋아하겠지만 디모데는 그렇게 하지 않아야 한다. '모든 일에 신중하여'(네페 엔 파신)라는 표현은 말씀을 전하는 자가 항상 깨어 있어야 한다(sober)는 뜻이다(참고. 살전 5:6, 8; 벧전 1:13; 4:7; 5:8). '고난'을 받는 것은 사역자가 각오해야 할 일이다. 바울은 디모데가 그리스도 예수의 좋은 병사로 자신과 함께 고난을 받아야 한다고 말했다(참고. 2:3).

'전도자의 일'을 하는 것과 '직무'를 다하는 것은 같은 뜻이다.[124]

6-8절 | 바울의 고백

> [6] 전제와 같이 내가 벌써 부어지고 나의 떠날 시각이 가까웠도다 [7] 나는 선한 싸움을 싸우고 나의 달려갈 길을 마치고 믿음을 지켰으니 [8] 이제 후로는 나를 위하여 의의 면류관이 예비되었으므로 주 곧 의로우신 재판장이 그 날에 내게 주실 것이며 내게만 아니라 주의 나타나심을 사모하는 모든 자에게도니라

6절: 바울은 구약의 제사 언어를 사용하여 자신의 죽음이 임박했음을 말한다(참고. 빌 2:17). 따라서 바울의 권면은 더욱 신중하고 진지하며 엄숙하다. 바울은 '전제와 같이 내가 벌써 부어지고'라고 말한다. '전제'(drink offering)는 제물을 불사르기 전에 그 위에 포도주를 붓는 의식이다(참고. 민 15:5, 7, 10; 28:4-7). 그는 복음을 위하여 자신의 일생을 희생하였다. 여기서 바울이 '부어지고'(스펜도마이)라는 수동태를 사용한 것은 행위의 주체가 하나님이시기 때문이다. 그는 자기 스스로 일한 것이 아니라 하나님께서 힘을 주셔서 일한 것임을 고백한다.

7절: 바울은 선한 싸움을 싸우고 달려갈 길을 마치고 믿음을 지켰다고 말한다. 이것은 운동선수 은유이다(참고. 고전 9:24-27; 빌 3:14). 그는 목회서신에서 운동선수 이미지를 자주 사용한다(참고. 딤전 4:7; 6:12). 이는 당시에 운동경기가 유행했기 때문이다. 그는 하나님께서 그에게 맡기신 직무를 다 마쳤다(참고. 행 20:24). 특히 그가 믿음을 지켰다고 고백하는 것은 인상적이다. 이 표현은 디모데전서 6:10에서 사람들이 탐욕에 빠져 믿음에서 떠났다는 말을 상기시킨다. 이렇게 바울이 자신의 승리를 고백하는 이유는 디

---

124) Donald Guthrie, 168.

모데와 신자들도 그를 따라서 승리하기를 바라는 마음에서이다. 그러므로 이 말은 고백적이면서 동시에 권면적이다. 125)

8절: '의의 면류관'(crown of righteousness)은 의로운 일을 한 사람이 받는 보상이다. 바울은 엄청난 박해와 고난을 받는 가운데에서도 믿음을 지켰으며 주님의 일에 충성하였다. 그는 자신의 인생을 회고하면서 그동안 자신이 수행한 일을 하나님께서 기쁘게 생각하신다고 확신한다. 그는 주님을 '의로우신 재판장'(righteous judge)으로 묘사하는데 이는 그의 생각이 옳다는 믿음에 기인한다. 하지만 그는 그러한 보상이 자신에게만 아니라 '주의 나타나심을 사모하는 모든 자'에게, 즉 주님의 강림을 기다리는 모든 참된 신자들에게도 있을 것이라고 말한다. 따라서 이 말 역시 고백적이면서 동시에 권면적이다.

4:9-22 개인적인 부탁과 마지막 인사

9 너는 어서 속히 내게로 오라 10 데마는 이 세상을 사랑하여 나를 버리고 데살로니가로 갔고 그레스게는 갈라디아로, 디도는 달마디아로 갔고 11 누가만 나와 함께 있느니라 네가 올 때에 마가를 데리고 오라 그가 나의 일에 유익하니라 12 두기고는 에베소로 보내었노라 13 네가 올 때에 내가 드로아 가보의 집에 둔 겉옷을 가지고 오고 또 책은 특별히 가죽 종이에 쓴 것을 가져오라 14 구리 세공업자 알렉산더가 내게 해를 많이 입혔으매 주께서 그 행한 대로 그에게 갚으시리니 15 너도 그를 주의하라 그가 우리 말을 심히 대적하였느니라 16 내가 처음 변명할 때에 나와 함께 한 자가 하나도 없고 다 나를 버렸으나 그들에게 허물을 돌리지 않기를 원하노라 17 주께서 내 곁에 서서 나에게 힘을 주심은 나로 말미암아 선포된 말씀이 온전히 전파되어 모든 이방인이 듣게 하려 하심이니 내가 사자의 입에서 건짐을 받았느니라 18 주께서 나를 모든 악한 일에서 건져내시고 또 그의 천국에 들어가도록 구원하시

---

125) Benjamin Fiore, S. J., 179.

리니 그에게 영광이 세세무궁토록 있을지어다 아멘 ¹⁹ 브리스가와 아굴라
와 및 오네시보로의 집에 문안하라 ²⁰ 에라스도는 고린도에 머물러 있고
드로비모는 병들어서 밀레도에 두었노니 ²¹ 너는 겨울 전에 어서 오라 으
불로와 부데와 리노와 글라우디아와 모든 형제가 다 네게 문안하느니라 ²²
나는 주께서 네 심령에 함께 계시기를 바라노니 은혜가 너희와 함께 있을
지어다

이 단락은 서신의 마지막 부분이다. 당시 그리스의 서신에는 마지막 부
분에 여행(방문)과 인사에 대한 언급이 있었는데, 바울은 여기서 그러한 서
신의 형태를 따른다(참고. 딛 3:12-15).

9–18절 | 개인적인 부탁

⁹ 너는 어서 속히 내게로 오라 ¹⁰ 데마는 이 세상을 사랑하여 나를 버리고
데살로니가로 갔고 그레스게는 갈라디아로, 디도는 달마디아로 갔고 ¹¹
누가만 나와 함께 있느니라 네가 올 때에 마가를 데리고 오라 그가 나의
일에 유익하니라 ¹² 두기고는 에베소로 보내었노라 ¹³ 네가 올 때에 내가
드로아 가보의 집에 둔 겉옷을 가지고 오고 또 책은 특별히 가죽 종이에
쓴 것을 가져오라 ¹⁴ 구리 세공업자 알렉산더가 내게 해를 많이 입혔으매
주께서 그 행한 대로 그에게 갚으시리니 ¹⁵ 너도 그를 주의하라 그가 우리
말을 심히 대적하였느니라 ¹⁶ 내가 처음 변명할 때에 나와 함께 한 자가 하
나도 없고 다 나를 버렸으나 그들에게 허물을 돌리지 않기를 원하노라 ¹⁷
주께서 내 곁에 서서 나에게 힘을 주심은 나로 말미암아 선포된 말씀이 온
전히 전파되어 모든 이방인이 듣게 하심이니 내가 사자의 입에서 건
짐을 받았느니라 ¹⁸ 주께서 나를 모든 악한 일에서 건져내시고 또 그의 천
국에 들어가도록 구원하시리니 그에게 영광이 세세무궁토록 있을지어다
아멘

9-10절: 바울은 디모데를 향하여 자신에게 속히 오라고 요청한다(참고.
1:4; 4:21). 이는 그의 생명이 얼마 남지 않았음을 알았기 때문이며 생의 마지

막에 디모데와 함께 있기를 바랐기 때문이다. 바울은 몇몇 사람들의 이름을 거명한다. 데마는 이 세상을 사랑하여 바울을 버리고 데살로니가로 갔다. 그의 이름은 골로새서 4:14와 빌레몬서 24절에도 나온다. 그레스게는 갈라디아로 갔는데, 그의 이름은 성경에서 여기에만 나온다. 디도는 달마디아로 갔는데, 달마디아는 아드리아 해의 동해안과 마게도냐 북쪽에 있었다. 디도는 디도서의 수신자로서 바울은 그를 동역자라고 불렀다(참고. 고후 8:23). 그레스게와 디도는 바울에 의해서 선교사로 파송된 것으로 보인다. 이 언급을 통해서 디도는 그레데에서의 일을 마치고(참고. 딛 1:5) 로마에 있는 바울과 합류한 것으로 추정할 수 있다.

11절: 바울은 누가만 자신과 함께 있다고 말한다. 누가는 사랑을 받는 의사로서(참고. 골 4:14; 몬 24), 누가복음과 사도행전의 저자이다. 골로새서와 빌레몬서의 말미에서 누가와 데마는 같이 언급되지만 이 서신에서 데마는 배신자로 소개되고 누가는 충성자로 소개된다. 누가는 연로하고 병약한 바울을 간호하면서 그를 향한 충성심 때문에 그와 함께 있었던 것으로 보인다. 바울은 디모데가 올 때 마가를 데려오라고 부탁한다. 마가는 비록 전에 바울에게 실망감을 안겨 주었지만(참고. 행 12:12; 13:5, 13; 15:36-40), 지금 바울로부터 인정받는 일꾼이 되어 있다.[126)

12절: 바울은 두기고를 에베소에 보내어 일하게 하였다. 두기고는 사도행전 20:4에서 아시아 사람으로 나오는데 디모데와 드로비모의 동역자로 소개된다. 또한 그는 에베소서 6:21에서 '사랑을 받은 형제요 주 안에서 진실한 일꾼'으로 소개된다. 그리고 그는 골로새서 4:7에서도 '사랑 받는 형제요 신실한 일꾼이요 주 안에서 함께 종이 된 자'로 소개된다. 그는 에

---

126) 이렇게 바울이 복음서의 두 저자인 누가와 마가를 언급한 것을 통하여 바울과 복음서 저자들이 밀접한 관련을 가지고 있음을 알 수 있다.

베소서와 골로새서를 각각 전달한 사람이다. 그는 디모데후서도 전달한 것으로 보이며, 디도서 3:12를 참고할 때 디도서도 전달한 것 같다. 바울은 그를 매우 높이 평가한다.

13절: 바울은 디모데가 자신에게 올 때에 드로아 가보의 집에 둔 겉옷을 가지고 오라고 말한다. '겉옷'(파일로네스)은 두꺼운 옷으로 겨울에 필요하다(참고. 21절). 어떤 학자들은 이것을 로마 시민임을 드러내는 특별한 옷이라고 보면서 바울이 여행을 준비했다고 본다.[127] 하지만 죽음을 앞두고 있는 바울이 그런 생각을 하지는 않았을 것이다. 그는 다만 겨울을 보내기 위하여 두꺼운 옷을 입으려 한 것 같다. 바울은 또한 가죽 종이에 쓴 책(비블리온)을 가져오라고 부탁한다. 이것은 파피루스 두루마리를 가리키는데, 성경으로 보이지만 정확히 어느 부분인지는 모른다. 그는 죽음을 앞두고 있으면서도 말씀을 전하는 사명을 수행하려고 했던 것 같다.

14절: 구리 세공업자 알렉산더는 바울에게 해를 많이 입혔다. 이 알렉산더가 디모데전서 1:20에 언급된 알렉산더인지 아닌지 분명하지 않다(참고. 딤전 1:20의 주해). 만일 그가 디모데전서에 나오는 사람이라면 그는 출교된 자이지만 여전히 에베소에 머물면서 바울을 괴롭히고 있었던 것이 된다. 하지만 만일 그가 디모데전서 1:20에 언급된 알렉산더가 아니라면 이야기가 조금 달라진다. 당시 드로아에 구리세공업자들의 조합(길드)이 있었는데, 그가 구리세공업자라고 소개되어 있는 것으로 보아 그는 드로아에 살고 있는 다른 사람일 가능성도 있다. 어쨌든 바울은 하나님께서 그를 심판하실 것이라고 말한다.

15절: 바울은 디모데에게 알렉산더를 주의하라고 말한다. 이는 그가 바

---

127) Benjamin Fiore, S. J., 185를 보라.

울과 디모데가 전한 '말'(로고스, message), 즉 복음을 '심히'(리안, strongly) 대적하였기 때문이다. 바울이 목회서신에서 디모데에게 요청한 것들 가운데 하나는 거짓 선생들을 경계하는 것이었다. 바울은 자신이 복음을 위하여 선포자와 사도와 교사로 세우심을 입었으며 이로 말미암아 고난을 받았지만 부끄러워하지 않았다고 고백했다(참고. 1:11-12). 그리고 이어서 디모데에게 맡겨진 아름다운 것, 즉 복음을 지키라고 요청했다(참고. 1:14). 특히 디모데는 거짓 선생들의 망령되고 허탄한 말과 거짓된 지식의 반론을 피해야 했다(참고. 딤전 6:20). 그들과 상종하는 것은 전혀 도움이 되지 않기 때문에 한두 번 훈계한 후에 멀리하는 것이 좋다(참고. 딛 3:9-10).

16절: '내가 처음 변명할 때에'라는 표현은 바울이 로마에 잡혀 오기 전에 가이사랴에서 변증(아폴로기아, defence)한 것을 가리킨다(참고. 행 22:1; 24:10; 25:8, 16; 26:1, 2, 24).[128] 바울은 그때 자신과 함께한 사람이 하나도 없고 다 자신을 버렸으나 그들에게 허물을 돌리지 않기를 원한다고 말한다. 그가 이러한 관용적인 자세를 취하는 것은 회개할 여지를 가지지 않은 거짓 교사들과 달리 이들이 회개하기를 기대하기 때문이다. 이로써 바울은 자신을 죽인 자들을 용서하신 예수님(참고. 눅 23:34)과 스데반(참고. 행 7:60)의 모범을 따르며 자기의 가르침(참고. 고전 13:5)을 스스로 지킨다(참고. 2:25).

17절: 바울은 하나님이 자신에게 힘을 주셔서 복음을 전파할 수 있었다고 고백한다(참고. 고후 12:8-9). 그는 1:7에서 하나님이 주신 것은 두려워하는 마음이 아니라 능력과 사랑과 절제하는 마음이라고 말하였다. 그리고 1:8에서 하나님의 능력을 따라 복음과 함께 고난을 받으라고 당부하였다. 그는 '내가 사자의 입에서 건짐을 받았느니라'라고 고백한다. 이것은 엄청난 어려움으로부터 건짐을 받은 것에 대한 은유이다(참고. 시 7:2; 22:21;

128) Benjamin Fiore, S. J., 186.

단 6:22; 히 11:33).129) 바울은 이방인들에게 말씀을 전하는 가운데 많은 박해와 고난을 받았지만 하나님께서 주시는 힘으로 모든 괴로움을 참을 수 있었다.

18절: '모든 악한 일'(판토스 에르구 포네루)은 '모든 악한 공격'(NRSV: every evil attack)을 뜻한다. 이것은 마귀의 공격이다. 바울의 생애는 고난과 박해의 연속이었으며 그의 제자들 역시 그렇게 될 것이다(참고. 1:8; 2:3; 3:11; 4:5). 고난을 받는 것은 경건하게 살고자 하는 자에게 당연한 일이다(참고. 3:12). 그는 종말론적인 기대감을 가지고 어려움을 극복한다. 바울은 자신이 곧 죽을 것임을 알고 있었다(참고. 4:7-8). 그리하여 그는 하나님께서 그를 천국에 들어가도록 구원하실 것임을 알고 하나님을 찬양한다(참고. 벧전 4:11; 5:11).

19-22절 | 마지막 인사

19 브리스가와 아굴라와 및 오네시보로의 집에 문안하라 20 에라스도는 고린도에 머물러 있고 드로비모는 병들어서 밀레도에 두었노니 21 너는 겨울 전에 어서 오라 으불로와 부데와 리노와 글라우디아와 모든 형제가 다 네게 문안하느니라 22 나는 주께서 네 심령에 함께 계시기를 바라노니 은혜가 너희와 함께 있을지어다

19-21절: 이 구절들은 개인적인 문안 인사이다. 브리스가(브리스길라)와 아굴라는 바울이 매우 신뢰한 동역자들이다(참고. 행 18:2-3, 18, 26; 롬 16:3; 고전 16:19 등). 오네시보로는 바울을 자주 격려하고 부지런히 찾아와 준 사람이다(참고. 1:16-17). 에라스도는 디모데의 동료이며(참고. 행 19:22; 롬 16:23), 드로비모는 에베소 사람으로 바울의 선교여행에 동행하였다(참고. 행 20:4; 21:29).

129) Donald Guthrie, 175를 보라.

바울은 드로비모가 병들자 그를 밀레도에 두었다. 바울은 위대한 사도로서 엄청난 치유의 은사를 가지고 있었지만(참고. 행 19:11-12; 고후 12:12), 그의 친밀한 동역자 드로비모를 고칠 수 없었다. '겨울 전에 어서 오라' 는 말은 당시 겨울에 바다를 건너는 일이 쉽지 않았기 때문이다.

22절: 바울은 축복으로 서신을 마친다. 이것은 바울 서신의 전형적인 형태이다(참고. 딤전 6:21; 딛 3:15). 바울의 축복은 두 부분으로 나누어진다. 첫 번째 부분인 '나는 주께서 네 심령에 함께 계시기를 바라노니' 는 디모데 개인을 향한 축복이다. 이것은 갈라디아서 6:18과 빌레몬서 25절을 생각나게 한다. 두 번째 부분인 '은혜가 너희와 함께 있을지어다' 는 다른 그리스도인들을 향한 축복이다. 여기서 그는 복수형 '너희' (휘몬)를 써서 그의 의도를 드러낸다(참고. 딤전 6:21; 딛 3:15).[130] 따라서 이 서신은 디모데 개인에게만 보내어진 것이 아니라 많은 사람들에게 읽혀지도록 의도된 것임을 알 수 있다.

130) Donald Guthrie, 179.

디도서

서론

디도서는 바울이 그의 '참 아들 된 디도에게' 보낸 서신이다(참고. 1:4). 디도(Titus)에 대해서는 알려진 것이 별로 없다. 그의 이름은 사도행전에 나오지 않으며 디도서를 제외하면 바울의 세 서신들에 몇 번 나올 뿐이다(참고. 고후 2:13; 7:6, 13, 14; 8:6, 16, 23; 12:18; 갈 2:1-3; 딤후 4:10). 그가 언제 예수님을 믿게 되었으며 그의 가족 배경이 어떠한지는 알 길이 없다. 그는 헬라 사람이었으며 바울은 그에게 억지로 할례를 받게 하지 않았다. 그는 예루살렘 총회에 바울과 바나바와 함께 참석했다(참고. 갈 2:1-3). 그는 바울의 제2차 전도여행 이후 줄곧 바울과 동행하였다.

디도는 바울과 함께 그레데를 방문하였다가 그곳에 남겨져서 교회를 다스리게 되었고(참고. 딛 1:5), 이후 바울이 로마 감옥에 재차 투옥되었을 때에 달마디아로 갔다(참고. 딤후 4:10). 신약성경에는 바울이 언제 그레데에서 일했는지 그리고 디도를 어떤 연유로 그레데에 남게 했는지에 대한 정보가 없다. 다만 그는 바울이 미처 처리하지 못한 문제들을 처리하기 위하여 그곳에 남겨졌다. 디모데와 마찬가지로 디도는 바울이 신뢰할 수 있는 인물이었으며 바울의 가르침을 잘 보존하고 전수할 수 있는 사람이었다. 디도서 2:6-7은 바울이 디도에게 이 서신을 보냈을 때 그가 '젊은 남자', 즉 청년이었음을 보여준다.

디도서는 디모데전서와 유사하다. 바울은 에베소에 있는 디모데에게 디모데전서를 보낸 후 얼마 지나지 않아 그레데에 있는 디도에게 이 서신을 보냈다. 바울은 두 서신에서 원리의 측면에서는 같은 내용을 말하고 적용의 측면에서는 교회의 개별적인 특성에 따라 달리 말한다. 그러므로 디도서를 해석할 때에는 디모데전서의 도움을 적절히 받을 필요가 있다. 바울이 그레데를 방문했을 때 그곳에는 이미 교회가 있었는데, 그레데 교회에 대해서는 알려진 바가 별로 없다. 그레데 교회는 여러 가지 문제로 인하여 어려움을 겪고 있었고 디도는 그 문제들을 해결해야 했다. 바울은 디도에게 거짓 선생들을 주의할 것과 바른 교훈을 가르쳐야 할 것과 선한 일에 힘써야 할 것을 당부한다. 그는 구원과 일상생활이 분리된 것이 아님을 강조한다.

구조

1:1-4   서두
1:5-16   신자들의 교회생활
2:1-15   신자들의 가정생활
3:1-8   신자들의 사회생활
3:9-15   마지막 부탁의 말

본문해설

1:1-4 서두

> ¹ 하나님의 종이요 예수 그리스도의 사도인 나 바울이 사도 된 것은 하나님
> 이 택하신 자들의 믿음과 경건함에 속한 진리의 지식과 ² 영생의 소망을 위
> 함이라 이 영생은 거짓이 없으신 하나님이 영원 전부터 약속하신 것인데
> ³ 자기 때에 자기의 말씀을 전도로 나타내셨으니 이 전도는 우리 구주 하나
> 님이 명하신 대로 내게 맡기신 것이라 ⁴ 같은 믿음을 따라 나의 참 아들 된
> 디도에게 편지하노니 하나님 아버지와 그리스도 예수 우리 구주로부터 은
> 혜와 평강이 네게 있을지어다

바울은 주후 1세기 그리스 서신의 전형적인 형태(typical formula)를 따라, 서신을 발신자, 수신자, 인사말로 시작한다(참고. 딤전 1:1-1; 딤후 1:1-2). 그런데 이 부분은 목회서신의 다른 부분보다 길고 심오하다. 바울은 여기에 짧지만 강력한 신학적인 함의를 담고 있다.

1–3절 | 발신자

> ¹ 하나님의 종이요 예수 그리스도의 사도인 나 바울이 사도 된 것은 하나님
> 이 택하신 자들의 믿음과 경건함에 속한 진리의 지식과 ² 영생의 소망을 위
> 함이라 이 영생은 거짓이 없으신 하나님이 영원 전부터 약속하신 것인데

³ 자기 때에 자기의 말씀을 전도로 나타내셨으니 이 전도는 우리 구주 하나
님이 명하신 대로 내게 맡기신 것이라

1절a: 바울은 자신을 '하나님의 종' 이요 '예수 그리스도의 사도' 라고
소개한다. 바울은 다른 서신에서 자신을 종이라고 소개하였고(참고. 롬 1:1;
갈 1:10; 빌 1:1), 다른 신자들에 대해서도 종이라고 일컬었다(참고. 고전 7:22; 엡
6:6; 골 4:12). 그러나 다른 서신에서는 주로 '그리스도의 종' 이라고 말했지
만 여기서는 '하나님의 종' 이라고 말한다(참고. 행 16:17; 삼하 7:4; 시 105:26; 렘
7:25). 바울은 또한 자신을 '예수 그리스도의 사도' 라고 하는데, 이는 자신
의 사도권을 분명히 하기 위해서이다(참고. 딤전 1:1b의 주해). 그는 예수 그리
스도의 특별한 부르심을 받았으며 사도로서의 자격을 갖추었고 그분의 명
령을 수행하기 위해 보내심을 받았다.

1절b: 바울은 자신이 종이요 사도가 된 목적을 밝힌다. 그것은 '하나님
께서 택하신 자들' 의 '믿음' 과 '진리의 지식' 을 위한 것이다. '하나님께
서 택하신 자들' 은 신자들인데, 종과 사도는 그들의 '믿음' 이 증진되는 일
에 기여해야 한다. '진리의 지식' 이란 복음을 가리킨다(참고. 딤전 3:15; 4:3; 딤
후 2:15, 18, 25; 3:7, 8). 하나님은 모든 사람이 구원을 받고 진리를 알기를 원하
신다(참고. 딤전 2:4). 여기서 바울은 '경건함에 속한 진리의 지식' 이라는 표
현을 쓴다. 헬라어 본문에서 '진리' 와 '경건함' 은 전치사 *카타*로 연결되
어 있는데, 이 단어는 '일치' (in accord with)를 뜻한다. 따라서 진리와 경건함
은 밀접하게 연결된다.[131]

2절: 신자들의 믿음과 지식은 '영생의 소망' 에 기초한다. 바울은 디모
데전서 4:10에서 '우리가 수고하고 힘쓰는 것은 우리 소망을 살아 계신 하

---

131) Benjamin Fiore, S. J., 196.

나님께 둠이니' 라고 말하였다. 실로 신자들의 소망은 살아 계신 하나님께 있으며 그분이 우리에게 주시는 영생에 있다. 영생은 거짓이 없으신 하나님이 영원 전부터 약속하신 것이다. 하나님이 거짓이 없다는 것은 하나님이 진리의 원천이라는 뜻이다. 그러나 거짓 선생들은 미혹하는 자들이며 거짓말하는 자들이다(참고. 딤전 4:1-2; 딤후 3:13). 하나님이 영생을 영원 전부터 약속하셨다는 것은 그것이 오랫동안 감추어져 있다가 예수님을 통하여 드러난 것을 시사한다. 사도는 이를 위하여 부름을 받았다.

3절: 하나님께서는 '자기의 때' 에 '자기의 말씀' 을 '전도' 로 나타내셨다. '자기의 때' 란 하나님이 정하신 때이다. 그것은 예수님이 육체를 입고 이땅에 오신 때이다(참고. 딤전 3:16). 예수님이 오셨을 때에 모든 사람에게 구원을 주시는 하나님의 은혜가 나타났다(참고. 2:11). 하나님과 예수 그리스도의 구원하시는 은총의 행위에 우리가 참여하도록 연결시켜 주는 매개체는 하나님의 말씀이다.[132] 하나님께서는 바울에게 하나님의 말씀을 맡기셨다(참고. 딤전 1:11). 그는 하나님의 말씀을 선포하여 사람들이 듣게 하는 일에 쓰임받는 것을 영광으로 생각하였다(참고. 고전 15:9; 엡 3:8; 딤전 1:11-13; 딤후 4:17).

4절 | 수신자, 인사말

⁴ 같은 믿음을 따라 나의 참 아들 된 디도에게 편지하노니 하나님 아버지와 그리스도 예수 우리 구주로부터 은혜와 평강이 네게 있을지어다

4절: 바울은 디모데를 '참 아들' 이라고 불렀는데(참고. 딤전 1:2), 디도를 향해서도 '참 아들' 이라고 부른다. 바울은 디도의 영적인 아버지로서 그

---

132) Benjamin Fiore, S. J., 196.

를 진정으로 사랑하였다. '같은 믿음을 따라'(카타 코이넨 피스틴)라는 표현은 그들이 동일한 말씀의 기초 위에 서 있음을 의미한다.[133] 바울은 자신과 디도를 잘못된 가르침 위에 서 있는 자들로부터 구분한다. '은혜'와 '평강'은 바울 서신에 나오는 전형적인 인사말이다(참고. 딤전 1:2; 딤후 1:2). 그는 3절에서 하나님께 적용했던 '우리 구주'를 여기서는 예수님께 적용한다. 이는 하나님과 예수님이 비록 구원에 있어서 다른 역할을 담당하고 계시지만 두 분 다 구원의 사역을 주권적으로 이끌고 계시며 따라서 은혜와 평강이 흘러나오는 하나의 원천이시기 때문이다.[134]

1:5-16 신자들의 교회생활

5 내가 너를 그레데에 남겨 둔 이유는 남은 일을 정리하고 내가 명한 대로 각 성에 장로들을 세우게 하려 함이니 6 책망할 것이 없고 한 아내의 남편이며 방탕하다는 비난을 받거나 불순종하는 일이 없는 믿는 자녀를 둔 자라야 할지라 7 감독은 하나님의 청지기로서 책망할 것이 없고 제 고집대로 하지 아니하며 급히 분내지 아니하며 술을 즐기지 아니하며 구타하지 아니하며 더러운 이득을 탐하지 아니하며 8 오직 나그네를 대접하며 선행을 좋아하며 신중하며 의로우며 거룩하며 절제하며 9 미쁜 말씀의 가르침을 그대로 지켜야 하리니 이는 능히 바른 교훈으로 권면하고 거슬러 말하는 자들을 책망하게 하려 함이라 10 불순종하고 헛된 말을 하며 속이는 자가 많은 중 할례파 가운데 특히 그러하니 11 그들의 입을 막을 것이라 이런 자들이 더러운 이득을 취하려고 마땅하지 아니한 것을 가르쳐 가정들을 온통 무너뜨리는도다 12 그레데인 중의 어떤 선지자가 말하되 그레데인들은 항상 거짓말쟁이며 악한 짐승이며 배만 위하는 게으름뱅이라 하니 13 이 증언이 참되도다 그러므로 네가 그들을 엄히 꾸짖으라 이는 그들로 하여금 믿음을 온전하게 하고 14 유대인의 허탄한 이야기와 진리를 배반하는 사람들

---

133) Guthrie는 이것을 이렇게 표현한다. "It brings into prominence the catholicity of the gospel." Donald Guthrie, 183.

134) John Stott, 238.

의 명령을 따르지 않게 하려 함이라 ¹⁵ 깨끗한 자들에게는 모든 것이 깨끗
하나 더럽고 믿지 아니하는 자들에게는 아무 것도 깨끗한 것이 없고 오직
그들의 마음과 양심이 더러운지라 ¹⁶ 그들이 하나님을 시인하나 행위로는
부인하니 가증한 자요 복종하지 아니하는 자요 모든 선한 일을 버리는 자
니라

디도서의 구조와 내용은 단순하며 명확하다. 1장은 신자들의 교회생활
에 대해서 말하고, 2장은 신자들의 가정생활에 대해서 말하고, 3장은 신자
들의 사회생활에 대해서 말한다. 이 단락에서 바울은 신자들의 교회생활
을 말한다. 그는 먼저 장로들을 세우는 일에 대해서 말하고, 다음으로 거
짓 교사들을 주의해야 한다는 사실에 대해서 말한다.

5-9절 | 장로(감독)를 세움

⁵ 내가 너를 그레데에 남겨 둔 이유는 남은 일을 정리하고 내가 명한 대로
각 성에 장로들을 세우게 하려 함이니 ⁶ 책망할 것이 없고 한 아내의 남편
이며 방탕하다는 비난을 받거나 불순종하는 일이 없는 믿는 자녀를 둔 자
라야 할지라 ⁷ 감독은 하나님의 청지기로서 책망할 것이 없고 제 고집대로
하지 아니하며 급히 분내지 아니하며 술을 즐기지 아니하며 구타하지 아니
하며 더러운 이득을 탐하지 아니하며 ⁸ 오직 나그네를 대접하며 선행을 좋
아하며 신중하며 의로우며 거룩하며 절제하며 ⁹ 미쁜 말씀의 가르침을 그
대로 지켜야 하리니 이는 능히 바른 교훈으로 권면하고 거슬러 말하는 자
들을 책망하게 하려 함이라

5절: 바울은 자신이 디도를 그레데에 남겨둔 이유를 설명한다. 바울과
디도가 그레데를 언제 방문했는지는 성경에 명시되어 있지 않다. 사도행
전 27:7-21에 나오는 상황과 연관되어 있을 수도 있지만 근거가 충분하지
않다. 이때 디도가 바울과 함께 배를 타고 있었다는 증거도 없다. 어쨌든

바울은 그레데에 오래 머물지 못하였고 따라서 그곳에서 일을 다 처리하지 못하였다. 더군다나 그는 그곳에서 교회의 지도자인 장로를 세우지 못하였다. 그리하여 그는 디도를 그곳에 남겨 두어 남은 일을 정리하게 하고 장로를 세워 교회를 다스리게 하였다.

6절: 장로는 교회를 다스리는 사람이다(참고. 행 1:26; 14:23; 20:17). 따라서 장로에게는 엄격한 자격 혹은 자질이 요구된다. 바울은 장로의 자격을 구체적으로 언급한다. 여기에 나오는 장로의 자격은 디모데전서 3:1-13에 나오는 것과 별반 다르지 않다. 다만 수신자들의 상황에 따라 약간의 차이가 있을 뿐이다.[135] 장로는 '책망할 것'이 없어야 한다. 책망할 것이 없다는 말은 원만해야 한다는 뜻이다. 또한 장로는 '한 아내의 남편'이어야 한다. 이것은 결혼을 해야 한다는 뜻일 수도 있고 아내를 한 명만 두어야 한다는 뜻일 수도 있다. 양자 모두를 지칭할 가능성이 높다(참고. 딤전 3:2의 주해). 그리고 장로의 자녀는 믿는 자로서 방탕하다는 비난을 받거나 불손종하는 일이 없어야 한다. 분명히 장로는 가정생활에 문제가 없어야 한다.

7절: 이 구절에서 바울은 '장로'라는 용어 대신에 '감독'이라는 용어를 쓴다. 초기 기독교에서는 장로들 가운데서 감독이 나왔기 때문에 장로와 감독이 분명하게 구분되지 않았다(참고. 딤전 3:1-2의 주해). 당시에 장로와 감독은 교호적으로(reciprocally) 사용되었다(참고. 행 20:28). 감독은 하나님의 '청지기'이다. '청지기'(오이코노모스)는 일꾼들을 감시하고 재산을 관리하는 사람이다. 따라서 청지기에게는 매우 엄격한 기준과 자질이 요구된다. 그는 책망할 것이 없고 자기 고집대로 하지 않고 급히 분내지 않고 술을 즐기지 않고 구타하지 않고 더러운 이득을 탐하지 않아야 한다. 실로 하나님의 청지기는 가증스러운 거짓 선생과 분명히 구분되어야 한다(참고. 3:3).

135) Donald Guthrie, 184.

8절: 감독은 나그네를 대접해야 하는데(참고. 딤전 3:2; 5:10), 이것은 여행 중인 그리스도인들이나 순회 전도자들에게 숙소와 식사를 제공하는 것을 뜻한다. 물론 일반인들을 대접하는 것도 포함한다. 당시에는 숙박시설이 충분하지 않았을 뿐만 아니라 그리스도인들이나 순회 전도자들이 돈을 넉넉하게 가지고 있지 않아서 여행에 어려움을 겪었다. 따라서 그러한 사람들에게 필요한 것을 공급하는 일은 매우 중요했다. 비록 비좁은 집에서 가난한 살림을 사는 사람들로서 남들에게 필요한 것을 공급하기란 쉽지 않은 일이었지만 감독은 그런 어려운 일을 기쁨으로 감당해야 한다. 선행을 좋아하며 신중하며 의로우며 거룩하며 절제하는 것은 감독이 갖추어야 할 일반적인 자질이다. 이것은 굳건한 신앙과 훌륭한 인격을 반영한다. 감독은 깨끗한 그릇이 되어 주인의 쓰심에 합당해야 하며 모든 선한 일에 준비함이 되어야 한다(참고. 딤후 2:20-21).

9절: 고대 문서에서는 일반적으로 가장 중요한 항목이 앞이나 뒤에 나오는 경우가 많았다. 바울은 여기서 감독의 자격 가운데 가르치는 능력을 맨 뒤에 위치해 놓으면서 다른 자질에 비해 많은 분량을 할애하여 설명한다. 감독은 '미쁜 말씀'의 가르침을 그대로 지켜야 하는데, '미쁜 말씀'이란 '신뢰할 수 있는 말씀'(trustworthy message)을 뜻한다. 이렇게 함으로써 그는 '능히 바른 교훈으로 권면하고 거슬러 말하는 자들을 책망'할 수 있다. 이것은 자신이 먼저 말씀을 지켜야 다른 사람들에게 말씀을 지키라고 권면할 수 있고 말씀을 지키지 않는 자들을 책망할 수 있다는 뜻이다. 실로 감독(장로)들은 우선적으로 하나님의 말씀을 가르치는 사역에 부르심을 받았다는 사실을 기억해야 한다.[136]

---

136) John Stott, 247.

10-16절 | 거짓 교사들을 주의함

¹⁰ 불순종하고 헛된 말을 하며 속이는 자가 많은 중 할례파 가운데 특히 그
러하니 ¹¹ 그들의 입을 막을 것이라 이런 자들이 더러운 이득을 취하려고
마땅하지 아니한 것을 가르쳐 가정들을 온통 무너뜨리는도다 ¹² 그레데인
중의 어떤 선지자가 말하되 그레데인들은 항상 거짓말쟁이며 악한 짐승이
며 배만 위하는 게으름뱅이라 하니 ¹³ 이 증언이 참되도다 그러므로 네가
그들을 엄히 꾸짖으라 이는 그들로 하여금 믿음을 온전하게 하고 ¹⁴ 유대인
의 허탄한 이야기와 진리를 배반하는 사람들의 명령을 따르지 않게 하려
함이라 ¹⁵ 깨끗한 자들에게는 모든 것이 깨끗하나 더럽고 믿지 아니하는 자
들에게는 아무 것도 깨끗한 것이 없고 오직 그들의 마음과 양심이 더러운
지라 ¹⁶ 그들이 하나님을 시인하나 행위로는 부인하니 가증한 자요 복종하
지 아니하는 자요 모든 선한 일을 버리는 자니라

10절: 디도의 다른 임무는 그레데 지역의 거짓 교사들을 물리치는 것이
었다. 바울은 거짓 교사들을 '불순종하고 헛된 말을 하며 속이는 자' 라고
표현한다(참고. 딤후 3:13). 거짓 교사들의 모습은 바른 교훈에 근거한 바른
믿음을 가진 감독들과는 완전히 반대된다. 그들은 거짓의 아비인 마귀를
닮아서 거짓말을 한다(참고. 요 8:44). '할례파' (circumcision faction)는 유대주의
를 신봉하는 자들로서 할례를 받아야 구원 받는다고 주장하는 자들이다(참
고. 행 15:1-29; 갈 5장). 디도는 할례를 받지 않았기 때문에 이들이 디도를 비난
할 것은 당연했다(참고. 갈 2:3).

11절: 바울은 '그들의 입을 막을 것이라' 라고 단호하게 말한다. 이것은
교회의 임무 가운데 하나가 거짓 교사들로 말하지 못하게 하는 것이라는
점을 보여준다. 이단자들과 논쟁하거나 다투는 것은 전혀 도움이 되지 않
는다. 차라리 그들로 하여금 말하지 못하게 하는 것이 낫다. 그들은 '더러
운 이득' 을 취하려고 한다. 실로 그들은 돈을 사랑하기 때문에 경건을 이

득의 수단으로 삼는다(참고. 딤전 6:5). 바울은 이들이 가정들을 온통 무너뜨
린다고 지적한다. 그들은 잘못된 가르침으로 가정들을 위기에 처하게 한
다(참고. 딤전 5:13; 딤후 3:6).

12절: 바울은 그레데의 '어떤 선지자'의 말을 인용한다. 그것은 그레데
인들(그레데 섬에 사는 자들)은 '항상 거짓말쟁이며 악한 짐승이며 배만 위한
게으름뱅이라'는 말이다. 알렉산드리아의 클레멘트(Clement of Alexandria)에
따르면, 주전 6세기에 그레데에 살았던 시인 크노소스의 에피메니데스
(Epimenides of Knossos)가 이 말을 했다. 당시 사람들은 그를 선지자로 알고
있었다. 이후에 '모든 그레데 사람들은 거짓말쟁이다'라는 말은 칼리마쿠
스(Callimachus, 1,4-9, 주전 300-240년경) 등에 의해서 인용되었다.[137] 헬라어 단
어 크레티조는 '그레데화하다'라는 뜻인데, '거짓말하다'라는 의미가 되
었다.

13-14절: 바울은 '이 증언이 참되도다'라고 말한다. 그들은 실제로 거짓
말쟁이며 악한 짐승이며 게으름뱅이다. 따라서 바울은 디도에게 '그들을
엄히 꾸짖으라'고 명령한다. 이는 그들로 하여금 믿음을 온전하게 하기 위
해서이다. 즉 그들을 파멸시키기 위해서 꾸짖는 것이 아니라 그들을 회복
시키기 위해서 꾸짖는 것이다. 권징의 목적은 회개하고 돌아오게 하는데
있다. 바울은 권징을 통하여 그레데 사람들이 '유대인의 허탄한 이야기'
와 '진리를 배반하는 사람들의 명령'을 따르지 않기를 기대한다. '유대인
의 허탄한 이야기'는 디모데전서 1:4, 7에 나와 있다. '진리를 배반하는 사
람들의 명령'은 하나님의 말씀을 버림으로 믿음에 이르지 못하게 하는 것
을 뜻한다.

---

137) Benjamin Fiore, S. J., 204.

15절: '깨끗한 자들'에게는 모든 것이 깨끗하나 '더러운 자들'에게는 아무 것도 깨끗하지 않다. 여기서 '깨끗한 자들'은 진리를 알아서 음식이나 규례에 따라 정결과 부정을 판단하지 않는 자들을 가리킨다(참고. 마 15:10-11; 막 7:14-19; 눅 11:37-41). 즉 그들은 유대주의적 율법주의자들의 견해를 따르지 않는 자들이다(참고. 딤전 4:3-5). 그들에게는 모든 것이 깨끗하다(참고. 롬 14:20). 반면에 '더러운 자들'은 믿지 않는 자들을 가리키는데, 그들에게는 아무 것도 깨끗하지 않다. 그들의 '마음'과 '양심'은 더럽다. '마음'과 '양심'은 신자들의 삶의 두 측면인데, '마음'은 지적인 측면이고 '양심'은 행위적인 측면이다.138)

16절: 바울은 거짓 교사들의 실상을 노골적으로 서술한다. 그들은 하나님을 입으로는 시인하지만 행위로는 부인한다. 입으로 시인하지만 행위로 부인하는 것은 거짓말하는 것이며 속이는 것이다. 그들은 사람들 앞에서 의로운 척 하지만 사실 하나님 앞에서 죄인이다.139) 그들은 가증한 자요 복종하지 아니하는 자요 모든 선한 일을 버리는 자이다. 그들 속에는 선한 것이 전혀 없다. 그들은 율법을 지킨다고 자부하지만 사실은 율법을 어긴다. 그들은 마음이 부패한 자요 믿음에 관하여는 버림받은 자들이다(참고. 딤후 3:8).

2:1-15 신자들의 가정생활

> 1 오직 너는 바른 교훈에 합당한 것을 말하여 2 늙은 남자로는 절제하며 경건하며 신중하며 믿음과 사랑과 인내함에 온전하게 하고 3 늙은 여자로는 이와 같이 행실이 거룩하며 모함하지 말며 많은 술의 종이 되지 아니하며

138) Benjamin Fiore, S. J., 206.
139) 그레데에 존재했던 거짓 선생들의 정체에 대한 논의를 위하여, Donald Guthrie, 190을 보라.

선한 것을 가르치는 자들이 되고 ⁴ 그들로 젊은 여자들을 교훈하되 그 남편과 자녀를 사랑하며 ⁵ 신중하며 순전하며 집안 일을 하며 선하며 자기 남편에게 복종하게 하라 이는 하나님의 말씀이 비방을 받지 않게 하려 함이라 ⁶ 너는 이와 같이 젊은 남자들을 신중하도록 권면하되 ⁷ 범사에 네 자신이 선한 일의 본을 보이며 교훈에 부패하지 아니함과 단정함과 ⁸ 책망할 것이 없는 바른 말을 하게 하라 이는 대적하는 자로 하여금 부끄러워 우리를 악하다 할 것이 없게 하려 함이라 ⁹ 종들은 자기 상전들에게 범사에 순종하여 기쁘게 하고 거슬러 말하지 말며 ¹⁰ 훔치지 말고 오히려 모든 참된 신실성을 나타내게 하라 이는 범사에 우리 구주 하나님의 교훈을 빛나게 하려 함이라 ¹¹ 모든 사람에게 구원을 주시는 하나님의 은혜가 나타나 ¹² 우리를 양육하시되 경건하지 않은 것과 이 세상 정욕을 다 버리고 신중함과 의로움과 경건함으로 이 세상에 살고 ¹³ 복스러운 소망과 우리의 크신 하나님 구주 예수 그리스도의 영광이 나타나심을 기다리게 하셨으니 ¹⁴ 그가 우리를 대신하여 자신을 주심은 모든 불법에서 우리를 속량하시고 우리를 깨끗하게 하사 선한 일을 열심히 하는 자기 백성이 되게 하려 하심이라 ¹⁵ 너는 이것을 말하고 권면하며 모든 권위로 책망하여 누구에게서든지 업신여김을 받지 말라

바울은 1장에서 신자들의 교회생활에 대하여 말했는데, 2장에 이르러서는 신자들의 가정생활에 대하여 말한다. 이 단락에서 바울은 다양한 사람들을 어떻게 대해야 하는지를 말하고(1-10절), 이어서 그러한 삶의 교리적 근거를 제시한다(11-15절).

1-10절 | 바른 교훈에 합당한 삶

¹ 오직 너는 바른 교훈에 합당한 것을 말하여 ² 늙은 남자로는 절제하며 경건하며 신중하며 믿음과 사랑과 인내함에 온전하게 하고 ³ 늙은 여자로는 이와 같이 행실이 거룩하며 모함하지 말며 많은 술의 종이 되지 아니하며 선한 것을 가르치는 자들이 되고 ⁴ 그들로 젊은 여자들을 교훈하되 그 남편과 자녀를 사랑하며 ⁵ 신중하며 순전하며 집안 일을 하며 선하며 자기 남편

에게 복종하게 하라 이는 하나님의 말씀이 비방을 받지 않게 하려 함이라 ⁶ 너는 이와 같이 젊은 남자들을 신중하도록 권면하되 ⁷ 범사에 네 자신이 선한 일의 본을 보이며 교훈에 부패하지 아니함과 단정함과 ⁸ 책망할 것이 없는 바른 말을 하게 하라 이는 대적하는 자로 하여금 부끄러워 우리를 악하다 할 것이 없게 하려 함이라 ⁹ 종들은 자기 상전들에게 범사에 순종하여 기쁘게 하고 거슬러 말하지 말며 ¹⁰ 훔치지 말고 오히려 모든 참된 신실성을 나타내게 하라 이는 범사에 우리 구주 하나님의 교훈을 빛나게 하려 함이라

1절: 바울은 '오직 너는' (쉬 데, 직역하면 '그러나 너는')이라는 말로 문장을 시작한다(참고. 딤전 6:11; 딤후 3:10, 14; 4:5). 이것은 거짓 교사들의 불의한 행실과 확연히 구별되는 디도의 의로운 행실을 촉구한다. 바울은 디도에게 '바른 교훈에 합당한 것'을 말하라고 당부한다. '바른'에 해당하는 헬라어 *휘기아이누세*는 '건전한' 혹은 '건강한'이라는 뜻이다.[140] '바른 교훈'은 목회서신에서 하나님의 말씀을 가리킨다(참고. 딤전 1:10; 6:4; 딤후 1:13; 4:3; 딛 1:9). '합당한 것'이란 '일치하는 것' 혹은 '적합한 것'을 의미한다. 따라서 디도는 하나님의 말씀에 일치되는 행동을 가르쳐야 한다.

2절: '늙은 남자들' (older men)은 교회의 공식적인 직함인 '장로'가 아니라 일반적인 노인 혹은 가정의 가장이다. 당시의 평균수명을 고려할 때 이들은 오늘날의 중장년 남성들이라고 할 수 있다. 그들이 갖추어야 할 덕목들을 헬라어 문장의 의미를 살려서 다시 진술(번역)하면 '늙은 남자들이 절제하고 경건하고 신중하도록 가르치고, 그들이 믿음과 사랑과 인내에 있어서 건전하도록 가르치라'가 된다.[141] '믿음'과 '사랑'과 '인내'에서 '인내'는 소망이 이루어질 것을 기다리는 것이므로 이것을 믿음과 사랑과

---

140) Donald Guthrie, 191.

141) 한글 개역개정판에는 이 구절을 '온전하게'라고 번역하고 각주를 달아서 '건전하게'라고 해 놓았으나, 헬라어 *휘기아이논타스*는 '건전하게' (sound)로 번역하는 것이 옳다.

소망이라고 볼 수도 있다(참고. 고전 13:13).

3절: '늙은 여자들'(older women)은 늙은 남자들(가장)을 내조하는 여성들
이다. 바울은 문두에 '이와 같이'(호사우토스, likewise)를 붙이는데, 이는 늙은
남자들을 가르치듯이 늙은 여자들을 가르쳐야 한다는 뜻이다. 늙은 여자
들은 행실이 거룩해야 하며 모함하지 말아야 한다(참고. 딤전 2:9-10). 또한 늙
은 여자들은 많은 술의 종이 되지 않아야 한다. 고대 그리스에서는 늙은
여자들이 술을 지나치게 많이 마시는 경우가 있었다. 그들에게 있어서 술
은 오늘날의 음료수 개념이었는데 때로 술을 너무 많이 마셔서 문제가 되
었다. 그리고 늙은 여자들은 선한 것을 가르치는 자들이 되어야 한다. 이
것은 가정에서 늙은 여자들이 젊은 여자들을 가르치는 것을 의미한다(참
고. 4절).[142]

4-5절: '젊은 여자들'(young women)은 결혼적령기의 여자들이다. 젊은 여
자들은 늙은 여자들에 의해 가르침을 받아야 한다. 늙은 남자들과 늙은 여
자들과 6절에 나오는 젊은 남자들은 디도에 의해서 가르침을 받아야 하지
만 젊은 여자들이 늙은 여자들에 의해서 가르침을 받는 것은 오해와 유혹
을 방지하기 위한 것이다. 젊은 여자들은 남편과 자녀를 사랑하며 신중하
며 순전하며 집안일을 하며 선하며 자기 남편에게 복종해야 한다(참고. 엡
5:22). 이것은 젊은 여자들이 집안일에 충실해야 한다는 뜻이지 바깥일을
금해야 한다는 뜻이 아니다. 젊은 여자들이 이 지침을 따를 때에 하나님의
말씀이 비방을 받지 않게 된다(참고. 7-8절; 딤전 6:1).

6-8절: '젊은 남자들'(young men)은 젊은 여자들에 대비된다. '이와 같

---

142) 따라서 이것은 여자가 가르치는 것을 허락하지 않는다는 디모데전서 2:12의 교훈
을 위반하지 않는다. Benjamin Fiore, S. J., 209.

이'(호사우토스)는 젊은 남자들과 젊은 여자들의 유사성을 보여준다. 젊은 남자들은 신중해야 한다. 더욱이 디도는 젊은 남자로서 다른 젊은 남자들에게 '범사에 선한 일의 본'(튀포스, model)을 보여야 한다(참고. 딤전 4:12; 고전 11:1). 교회의 지도자는 교인들의 모델이 되어야 한다.[143] '교훈에'에 해당하는 헬라어 *엔 테 디다스칼리아*는 '너의 가르침에 있어서'(NRSV: in your teaching) 혹은 '남을 가르치는데 있어서'(공동번역)라는 뜻이다. 디도의 가르침에는 '부패하지 아니함'(integrity)과 '단정함'(gravity)과 '책망할 것이 없는 바른 말'(sound speech)이라는 특성이 있어야 한다. 그렇게 하면 대적하는 자가 흠을 찾지 못할 것이다(참고. 5절; 딤전 6:1).

9-10절: 바울은 이제 종들에 대해서 말한다. 그는 디모데전서 6:1-2에서도 종들의 윤리를 말하였다. 하지만 그곳에서는 믿는 상전들에 대한 태도에 대해서 말했는데, 여기서는 믿는 상전들과 믿지 않는 상전들을 구분하지 않고서 말한다.[144] 바울은 노예제도를 인정하지 않았지만 그것을 폐지해야 한다고 주장하지도 않았다. 당시에 노예제도를 폐지하는 것은 너무나 큰 문제를 유발했고 더군다나 그것이 그의 사역의 본위가 아니었기 때문에 그는 이 문제를 다루지 않는다(참고. 딤전 6:1-2의 주해). 그는 다만 종들의 자세에 대해서 말한다. 종들은 자기 상전들에게 범사에 순종하여 기쁘게 하고, 거슬러 말하지 말아야 하고, 훔치지 말아야 하고, 오히려 모든 참된 신실성을 나타내야 한다. 종들이 정직하고 신실해야 하는 이유는 '범사에 우리 구주 하나님의 교훈을 빛나게 하려 함'이다. 바울은 신자들의 잘못된 행실로 말미암아 악한 자들이 하나님의 말씀을 비방할 기회를 가지지 않기를 기대한다(참고. 5, 8절). 한편, '우리 구주 하나님'은 디모데전서 2:3에 나오고, '하나님의 교훈'은 이어지는 교리적 요약과 연관된다.

---

143) Donald Guthrie, 195를 보라.

144) Benjamin Fiore, S. J., 210.

11-15절 | 바른 삶의 근거

¹¹ 모든 사람에게 구원을 주시는 하나님의 은혜가 나타나 ¹² 우리를 양육하 시되 경건하지 않은 것과 이 세상 정욕을 다 버리고 신중함과 의로움과 경 건함으로 이 세상에 살고 ¹³ 복스러운 소망과 우리의 크신 하나님 구주 예 수 그리스도의 영광이 나타나심을 기다리게 하셨으니 ¹⁴ 그가 우리를 대신 하여 자신을 주심은 모든 불법에서 우리를 속량하시고 우리를 깨끗하게 하 사 선한 일을 열심히 하는 자기 백성이 되게 하려 하심이라 ¹⁵ 너는 이것을 말하고 권면하며 모든 권위로 책망하여 누구에게서든지 업신여김을 받지 말라

11절: 헬라어 본문에는 이 구절에 '왜냐하면'에 해당하는 *가르*가 있다. 이것은 지금부터 말하는 것이 앞에서 말한 내용의 근거가 된다는 뜻이다. 바울은 앞에서 윤리를 말했는데 이제 그 윤리의 교리적 근거를 말한다.[145] 신자들은 '하나님의 은혜가 나타나' 구원을 받았으며 이제는 '예수 그리 스도의 영광이 나타나심'을 기다린다(참고. 13절). '모든 사람에게 구원을 주시는' 이라는 표현은 모든 사람이 구원을 받을 수 있다는 뜻이 아니라 모 든 사람에게 구원의 기회가 제공되었다는 뜻이다. 하지만 어떤 사람들은 이 은혜를 거부함으로 구원에 이르지 못한다.[146]

12절: 바울은 하나님의 은혜의 작용을 말한다. 그는 하나님의 은혜를 의 인화하여 그것이 우리를 양육한다고 언급한다.[147] 즉 하나님의 은혜는 우 리를 구원할 뿐만 아니라 우리를 자라게 한다. 은혜는 우리에게 두 가지를

---

145) 윤리를 말하고 윤리의 근거가 되는 교리를 말하는 형태는 3:1-11에서도 동일하게 발견된다(참고. 3:1-11의 주해).

146) 바울은 디모데후서 1:9-10에서 하나님이 그리스도 예수 안에서 우리에게 주신 은혜 대로 우리를 구원하시며 이 은혜는 그리스도 예수의 나타나심으로 말미암아 나타났다 고 말하였다(참고. 3:4-7).

147) Donald Guthrie, 198.

가르친다. 먼저, 그것은 소극적으로 '경건하지 않은 것과 이 세상 정욕을
다 버리라' 고 가르친다. 다음으로, 그것은 적극적으로 '신중함과 의로움
과 경건함으로 이 세상에 살라' 고 가르친다. 따라서 은혜는 우리가 나쁜
것을 버리고 선한 것을 추구하게 한다. 사실 은혜는 우리에게 그러한 삶을
요청할 뿐만 아니라 그러한 삶을 가능하게 한다.

13절: 바울은 종말론적인 기대감을 표현한다.[148] 은혜가 우리를 양육하
는 동안 우리는 '복스러운 소망' (마카리오스 엘피스)과 '영광의 나타나심' (에
피파네이아)이라는 미래를 바라본다(참고. 살전 1:9-10). 여기서 그는 '복스러운
소망' 과 '영광의 나타나심' 을 하나의 관사로 연결하여 묶음으로써 이 두
개가 하나의 사건에 대한 다른 양상임을 보여준다. 지금은 예수님과 그분
을 따르는 자들이 무시를 받고 천대를 당하지만 마지막 날에 그분의 영광
이 나타나면 진실이 드러날 것이다. 더군다나 놀랍게도 예수님은 '우리의
크신 하나님 구주 예수 그리스도' 라고 불림으로써 하나님과 동등하신 분
으로 묘사된다. 이것은 신약에서 예수님의 신성을 가장 분명하게 증명한
다. 예수님의 영광은 하나님의 영광이다. 요한은 예수님에 대한 사람들의
반응에 대하여, '우리가 그의 영광을 보니' 라고 진술하였다(참고. 요 1:14).

14절: 13절에서 바울은 예수님의 재림으로 우리의 구원이 완성될 것을
말하였다. 그런데 이 구절에서 바울은 예수님의 초림으로 돌아가서 그분
으로 말미암아 우리의 구원이 시작된 것을 말한다. 예수님이 '우리를 대신
하여 자신을 주심은 모든 불법에서 우리를 속량하시고 우리를 깨끗하게'
하시기 위해서이다. '속량' (redeem)이란 죄수나 노예를 사고 주는 삯을 뜻
한다(참고. 시 130:8). 예수님은 사탄의 노예였던 우리를 값을 치르고 사셨다.

---

[148] 목회서신에는 종말론적인 언급들이 많이 있다(예. 딤전 4:1; 6:14, 15; 딤후 4:1, 8).

예수님이 그렇게 하신 이유는 우리로 하여금 '선한 일을 열심히 하는 자기 백성'이 되게 하기 위해서이다. 한편, 이 구절은 신조의 형태(credal formula)를 띠는데 이것은 바울서신에서 종종 발견되며(예. 갈 1:4; 2:20; 엡 5:2, 25), 디모데전서 2:6에서도 요약적으로 발견된다(참고. 막 10:45).[149]

15절: 디도는 '이것'을 말해야 하며 '모든 권위'로 '권면'하고 '책망'해야 한다(NRSV: declare these things; exhort and reprove with all authority). '이것'(타우타, these things)이란 2장 전체에서 말한 윤리와 교리이다. '말하고'(랄레이, declare)는 1절에 나왔는데 여기에 다시 나온다. 디도는 신자들에게 바른 삶과 바른 삶의 근거가 되는 바른 교훈을 말해야 한다. 그런데 디도의 말은 두 가지 형태를 가지는데, 곧 '권면'과 '책망'이다. 특히 디도는 '모든 권위'로 이 일을 해야 하는데, 이는 그가 바울의 사도적 권위를 위임받은 자임을 보여준다. 그는 누구에게서든지 업신여김을 받지 말아야 한다. 즉 사람들이 그를 얕보거나 경멸하지 않게 해야 한다(NRSV: Let no one look down on you). 그래야 제대로 일할 수 있다.

3:1-8 신자들의 사회생활

1 너는 그들로 하여금 통치자들과 권세 잡은 자들에게 복종하며 순종하며 모든 선한 일 행하기를 준비하게 하며 2 아무도 비방하지 말며 다투지 말며 관용하며 범사에 온유함을 모든 사람에게 나타낼 것을 기억하게 하라 3 우리도 전에는 어리석은 자요 순종하지 아니한 자요 속은 자요 여러 가지 정욕과 행락에 종 노릇 한 자요 악독과 투기를 일삼은 자요 가증스러운 자요 피차 미워한 자였으나 4 우리 구주 하나님의 자비와 사람 사랑하심이 나타날 때에 5 우리를 구원하시되 우리가 행한 바 의로운 행위로 말미암지 아니하고 오직 그의 긍휼하심을 따라 중생의 씻음과 성령의 새롭게 하심으로

하셨나니 6 우리 구주 예수 그리스도로 말미암아 우리에게 그 성령을 풍성
히 부어 주사 7 우리로 그의 은혜를 힘입어 의롭다 하심을 얻어 영생의 소
망을 따라 상속자가 되게 하려 하심이라 8 이 말이 미쁘도다 원하건대 너는
이 여러 것에 대하여 굳세게 말하라 이는 하나님을 믿는 자들로 하여금 조
심하여 선한 일을 힘쓰게 하려 함이라 이것은 아름다우며 사람들에게 유익
하니라

이 단락에서 바울은 신자들이 일반 세속 사회에서 선한 일을 행해야 한
다고 말하고(1-2절), 이어서 선한 일의 근거가 되는 구원의 성격에 대하여
말한다(3-8절). 따라서 3장은 2장과 구조가 비슷하다. 신자들이 세상에서 선
한 일을 행해야 하는 이유는 그것이 구원을 받은 목적이기 때문이다.

1-2절 | 선한 일에 힘씀

**1 너는 그들로 하여금 통치자들과 권세 잡은 자들에게 복종하며 순종하며
모든 선한 일 행하기를 준비하게 하며 2 아무도 비방하지 말며 다투지 말며
관용하며 범사에 온유함을 모든 사람에게 나타낼 것을 기억하게 하라**

1절a: 신자들은 세상의 '통치자들'(rulers)과 '권세 잡은 자들'(authorities)
에게 복종하고 순종해야 한다. 복종하고 순종하라는 권면은 거짓 가르침
을 따르는 자들이 복종하지 않는 것과 대조를 이룬다(참고. 1:10, 16). 그레데
는 주전 67년에 로마에게 정복당했고 이후 로마의 식민통치에서 벗어나기
위하여 계속해서 저항했다. 이런 상황에서 신자들이 다스리는 자들에게
복종해야 한다는 말은 의미심장하다. 바울은 디모데에게 보낸 편지에서
임금들과 높은 지위에 있는 사람들을 위하여 기도하라고 말한 적이 있다
(참고. 딤전 2:1-2). 따라서 그의 주장은 통일되고 일관된다.150)

---

150) 신자들은 권세 잡은 자들에게 복종해야 하고 더군다나 그들을 위하여 기도해야 하
는데, 이는 모든 권세가 하나님으로부터 주어졌기 때문이며, 또한 우리가 그들을 통하여

1절b-2절a: 바울은 통치자들에 대한 자세를 말한 후에 사회생활의 일반적인 원리를 말한다. '모든 선한 일 행하기를 준비하게 하며'라는 표현은 2:14에 나오는 '선한 일을 열심히 하는 자기 백성'이라는 표현과 어울린다. 신자들은 하나님이 쓰시기에 합당한 자들로 준비되어야 한다(참고. 딤후 2:20-21; 롬 9:23). 신자들은 아무도 비방하지 말며 다투지 말아야 한다. 이것은 원래 감독에게 요구된 자질이었는데(참고. 1:7-8), 여기서 모든 신자들에게도 요구된다. 이와 반대로 거짓 선생들은 비방하고 다투고 분내는 자들이다(참고. 딤전 6:4; 딤후 3:2).

2절b: 신자들은 관용해야 하며 범사에 온유함을 모든 사람에게 나타내어야 한다. 바울은 고린도 교인들에게 보낸 편지에서 '그리스도의 온유와 관용으로 친히 너희를 권하고'라고 말하였다(참고. 고후 10:1). '관용'과 '온유'는 그리스도의 성품이다. '범사에'와 '모든 사람에게'는 경우와 대상을 제한하지 말라는 뜻이다. 따라서 바울은 범위와 대상의 제한을 두지 말고 그리스도의 선한 성품을 보여주어야 한다고 말한다. 이러한 사회생활의 일반적인 원칙은 언제나 유지되어야 한다. 이것은 비신자들에게 기독교에 대한 호감을 가지게 하는 방편이 된다.

3-8절 | 선한 일의 동기

³ 우리도 전에는 어리석은 자요 순종하지 아니한 자요 속은 자요 여러 가지
정욕과 행락에 종 노릇 한 자요 악독과 투기를 일삼은 자요 가증스러운 자

경건하고 단정하며 평안한 생활을 할 수 있기 때문이다(참고. 롬 13:1; 딤전 2:1-2). 즉 권세를 잡은 자들은 하나님을 대신하여 사람들을 다스리는 것이다. 이렇게 하여 신자들은 기독교가 공적인 발전에 공헌한다는 인식을 심어주어야 한다. 물론 바울의 권면은 그가 로마서 13:1-7에서 말한 것과 베드로가 베드로전서 2:13-17에서 말한 것을 고려하면서 이해해야 한다. 신자들은 다스리는 자들에게 복종하되 그들이 하나님의 뜻에 합하게 행동할 때 복종해야 한다. 분명히 하나님의 뜻과 법칙이 우선이다.

요 피차 미워한 자였으나 4 우리 구주 하나님의 자비와 사람 사랑하심이 나
타날 때에 5 우리를 구원하시되 우리가 행한 바 의로운 행위로 말미암지 아
니하고 오직 그의 긍휼하심을 따라 중생의 씻음과 성령의 새롭게 하심으로
하셨나니 6 우리 구주 예수 그리스도로 말미암아 우리에게 그 성령을 풍성
히 부어 주사 7 우리로 그의 은혜를 힘입어 의롭다 하심을 얻어 영생의 소
망을 따라 상속자가 되게 하려 하심이라 8 이 말이 미쁘도다 원하건대 너는
이 여러 것에 대하여 굳세게 말하라 이는 하나님을 믿는 자들로 하여금 조
심하여 선한 일을 힘쓰게 하려 함이라 이것은 아름다우며 사람들에게 유익
하니라

3절: 바울은 2:11-14와 같이 3-8절에서 그리스도인들의 윤리의 동기를
제시한다.[151] 이는 3절의 문두에 있는 '왜냐하면'에 해당하는 가르를 통
해서 드러난다(개역개정판에는 번역되어 있지 않음). 바울은 구원을 받기 전 인간
의 상태를 말한다. '어리석은 자'는 알지 못하는 자, 즉 이해력이 없는 자
를 뜻한다. 바울은 이전에 비방자요 박해자요 폭행자였는데 '알지 못하
고' 행하였다고 고백하였다(참고. 딤전 1:13; 6:9; 딤후 3:9). '순종하지 아니한
자'와 '속은 자'는 거짓 선생들의 미혹에 넘어간 자들의 모습을 반영한다
(참고. 1:16; 딤전 4:1-2; 딤후 3:13). 이 외에도 구원을 받기 전의 인간은 정욕과 행
락을 좋아하며 악독과 투기를 일삼으며 가증스럽고 서로 미워하는 존재이
다. 이렇게 바울은 하나님을 떠난 인간의 상태를 절망적으로 묘사한다.

4절: 4절은 3절과 확연히 구분된다. 3절은 구원받기 전의 사람의 상태를
말하지만, 4절부터는 하나님께서 사람을 구원하신 일에 대하여 말한다. 4-
7절은 한 문장으로 되어 있다. 이 구절들은 초기 기독교회에서 세례를 베
풀기 전에 가르치고 고백하던 문구(baptismal setting)로 보인다. 구원은 '우리
구주 하나님의 자비와 사람 사랑하심이 나타날 때에' 시작되었다. '우리'

---

151) Donald Guthrie, 203.

라는 표현은 공동체적 확신, 즉 교회의 보편적 신앙고백을 반영한다. 하나
님의 자비와 사랑은 우리가 여전히 어리석고 순종하지 않고 온갖 악한 죄
를 짓고 있을 때 나타났다(참고. 3절). 따라서 구원은 전적인 하나님의 은혜
이다(참고. 2:11). 우리에게는 자랑할 것이 아무 것도 없다.

5절: 하나님께서는 우리를 구원하시되 우리의 의로운 행위를 보시지 아
니하셨다(참고. 딤후 1:9). 이 문장에서 바울은 '우리' 라는 대명사를 붙이지
않아도 의미가 통하지만 굳이 붙임으로써 '우리의 의로운 행위' 가 구원의
방편이 아님을 강조한다. 구원은 오직 하나님의 '긍휼하심' 을 따라 '중생
의 씻음' 과 '성령의 새롭게 하심' 으로 가능하다(참고. 엡 2:3-5). '긍휼'
(mercy)은 목회서신에서 줄곧 강조된 용어인데(참고. 딤전 1:1, 13; 딤후 1:2, 16,
18), 하나님의 크신 사랑을 의미한다. '중생의 씻음' 은 세례를 받음으로 과
거의 죄와 허물을 씻고 새로운 사람이 되는 것을 뜻한다(참고. 고전 6:11; 엡
5:26). '성령의 새롭게 하심' 은 세례 받을 때에 성령께서 역사하셔서 새롭
게 하시는 것을 의미한다(참고. 엡 4:30; 행 2:15-17; 10:47).[152]

6절: 4-6절에는 구원의 주체로서의 삼위 하나님에 대한 언급이 나온다.
4절에는 성부 하나님이 우리를 사랑하신 일이 나오고, 5절에는 성령 하나
님이 우리를 새롭게 하신 일이 나오고, 6절에는 구원에 있어서 성자 예수
님의 역할이 나온다. 그런데 6절에는 예수님만 나오는 것이 아니라 삼위
하나님이 모두 나온다. 바울은 성부 하나님께서 예수 그리스도로 말미암
아 우리에게 그분의 성령을 풍성히 부어 주셨다고 말한다.[153] 따라서 구원

152) Donald Guthrie, 204-206.
153) 한글 개역개정판에는 6절에 성부 하나님이 나오지 않는 것처럼 보이지만, 헬라어
원문에서 '부어 주사' 에 해당하는 동사 엑세키엔은 3인칭 단수 형태이므로 '그가 부어
주사' (he poured out)가 되어 성부 하나님이 부어 주시는 분임을 가르쳐준다.

은 우리의 노력으로 이루어진 것이 아니라 삼위 하나님의 사역으로 이루어진 것이다. 여기서 '부어 주사'라는 단어는 '풍성히'라는 단어와 결합되어 성령의 강력하고 풍성한 역사를 드러낸다(참고. 행 2:17, 33).

7절: 이 구절의 문두에는 목적과 결과를 가리키는 헬라어 *히나*(so that)가 있다. 이것은 이어지는 '우리로 그의 은혜를 힘입어 의롭다 하심을 얻어'라는 문구와 더불어 구원 받은 자들의 소망이 무엇인지를 보여준다. 구원을 받아 영생을 얻은 자들의 소망은 '상속자'가 되는 것이다(참고. 롬 3:24; 8:17; 갈 3:29; 4:7). '상속자' 개념은 하나님께서 아브라함에게 거주할 땅을 주시겠다고 약속하신 것에서 비롯되었다(참고. 창 15:7; 신 6:10). 이후에 이스라엘 백성들이 이집트를 탈출하고 약속의 땅을 향하여 나아가면서 상속자 사상은 강화되었다. 그런데 이것은 물리적인 땅을 소유하는 것에서 그치지 않고 궁극적으로 종말론적인 땅인 새 하늘과 새 땅을 소유하는 것으로 나아간다. 지금 우리가 누리는 복은 미래에 누릴 복의 그림자일 뿐이다.

8절: 이 구절의 형태는 2:15와 유사하다. '이 말이 미쁘도다'(피스토스 호 로고스, here is a trustworthy saying)라는 표현은 신약성경에서 오직 목회서신에만 다섯 번 나오는데, 디도서에서는 여기에만 나온다(참고. 딤전 1:15; 3:1; 4:9; 딤후 2:11).[154] '이 여러 것에 대하여 굳세게 말하라'는 말은 바울에게서 전해 들은 가르침을 확신을 가지고 전하라는 뜻이다. 이로 말미암아 그들은 '조심하여'(careful) '선한 일'을 힘쓸 것이다. 실로 믿는 자들은 선한 일을 힘써야 한다(1:16; 2:14; 3:1). 그것은 아름다우며 사람들에게 유익하다.

---

154) 참고. George W. Knight III, 1979.

3:9-15 마지막 부탁의 말

9 그러나 어리석은 변론과 족보 이야기와 분쟁과 율법에 대한 다툼은 피하라 이것은 무익한 것이요 헛된 것이니라 10 이단에 속한 사람을 한두 번 훈계한 후에 멀리하라 11 이러한 사람은 네가 아는 바와 같이 부패하여 스스로 정죄한 자로서 죄를 짓느니라 12 내가 아데마나 두기고를 네게 보내리니 그 때에 네가 급히 니고볼리로 내게 오라 내가 거기서 겨울을 지내기로 작정하였노라 13 율법교사 세나와 및 아볼로를 급히 먼저 보내어 그들로 부족함이 없게 하고 14 또 우리 사람들도 열매 없는 자가 되지 않게 하기 위하여 필요한 것을 준비하는 좋은 일에 힘 쓰기를 배우게 하라 15 나와 함께 있는 자가 다 네게 문안하니 믿음 안에서 우리를 사랑하는 자들에게 너도 문안하라 은혜가 너희 무리에게 있을지어다

서신의 마지막 부분에 이르렀다. 바울은 여기서 다시금 디도서(목회서신도 마찬가지)의 중요한 주제들 중 하나인 거짓 교사들을 멀리할 것을 당부한다. 그런 후에 그는 주후 1세기 그리스 서신의 형태를 따라 방문 계획과 문안 인사를 말한다(참고. 딤후 4:9-22).[155]

9–11절 │ 거짓 교사들을 멀리함

9 그러나 어리석은 변론과 족보 이야기와 분쟁과 율법에 대한 다툼은 피하라 이것은 무익한 것이요 헛된 것이니라 10 이단에 속한 사람을 한두 번 훈계한 후에 멀리하라 11 이러한 사람은 네가 아는 바와 같이 부패하여 스스로 정죄한 자로서 죄를 짓느니라

9절: 거짓 교사들의 가르침은 한 마디로 '어리석은 변론과 족보 이야기

---

[155] 디도서의 마지막 부분은 고린도전서의 마지막 부분과 유사한데, 겨울에 대한 언급과 여행 경비에 대한 관심과 아볼로에 대한 언급에 있어서 그러하다. Benjamin Fiore, S. J., 227.

와 분쟁과 율법에 대한 다툼'이다. 이것은 디모데에게 보낸 편지에서도 언급되었다(참고. 딤전 1:4의 주해; 딤후 2:23의 주해). 디모데에게 보낸 편지들에서와 마찬가지로 디도서에 반영된 거짓 교사들의 가르침의 명확한 내용을 알기는 어렵다. 하지만 그들의 가르침의 성격은 밝히 드러났는데, 그들의 말은 아무런 근거와 의미가 없으며 사람들 사이에 분쟁과 다툼을 조장할 뿐이다. 그래서 바울은 그들의 가르침에 대하여 '이것은 무익한 것이요 헛된 것이니라'라고 결론을 내린다.

10-11절: 이단에 속한 사람들을 한두 번 훈계한 후에 멀리해야 한다.[156] 이것은 이단에 속한 사람들에게 몇 번 말해본 후에 그들이 듣지 않거든 아예 관계를 끊어버리라는 뜻이다. 이단들과는 개인적으로 접촉을 하지 않아야 하지만 동시에 신자 공동체로부터 그들을 추방해야 한다. 실제로 거짓된 가르침에 물든 자들은 돌이킬 가능성을 거의 가지고 있지 않다. 게다가 그들과 어떻게든 관계를 유지하는 것은 사상적으로 물들 수 있기에 위험하다. 이단들은 '부패하여 스스로 정죄한 자로서' 죄를 짓는다. 그들에게는 생명이 없기 때문에 부패할 수밖에 없다.

12-15절 | 방문 계획과 문안 인사

[12] 내가 아데마나 두기고를 네게 보내리니 그 때에 네가 급히 니고볼리로 내게 오라 내가 거기서 겨울을 지내기로 작정하였노라 [13] 율법교사 세나와 및 아볼로를 급히 먼저 보내어 그들로 부족함이 없게 하고 [14] 또 우리 사람들도 열매 없는 자가 되지 않게 하기 위하여 필요한 것을 준비하는 좋은 일에 힘 쓰기를 배우게 하라 [15] 나와 함께 있는 자가 다 네게 문안하니 믿음 안에서 우리를 사랑하는 자들에게 너도 문안하라 은혜가 너희 무리에게 있을지어다

---

156) 이단에 대한 바울의 지침은 예수님의 지침과 유사하다(참고. 마 18:15-17; 살후 3:14-15).

12절: 바울은 아데마나 두기고를 디도가 있는 그레데에 보내려고 한다. 이는 그들 중의 한 명을 그레데에 보내고 대신 디도를 자신이 있는 니고볼리로 데려오기 위해서이다. 바울은 니고볼리에서 디도와 함께 있고 싶어 한다. 아데마는 신약성경에서 여기에만 나온다. 두기고는 제3차 전도 여행 때에 디모데와 더불어 바울과 동행했으며(참고. 행 20:4), 에베소(참고. 엡 6:21)와 골로새(참고. 골 4:7-8)에 보냄을 받았고, 에베소에 있는 디모데에게 바울의 두 번째 편지를 가지고 갔다(참고. 딤후 4:12). 니고볼리는 주전 31년 아우구스투스(Augustus)가 악티움에서 마크 안토니(Mark Antony)를 물리친 후 그의 야영지에 세운 항구도시이다. 바울은 여기에서 겨울을 보내려고 한다(참고. 딤후 4:9, 21).

13절: 바울은 율법교사 세나와 아볼로가 자신에게 급히 오게 해 달라고 요청한다. 세나는 신약성경에서 여기에만 나온다. 세나의 이름에 '율법교사'(노미코스)가 붙어 있는데, 만일 그가 유대인이라면 율법전문가이고 이방인이라면 세속적인 법률가이다.[157] 아볼로는 알렉산드리아 출신의 유대인으로 고린도 교회에서 바울의 뒤를 이어 일했으며(참고. 고전 1:12; 3:6 등), 이후 에베소에서 일했는데(참고. 고전 16:12), 에베소에서 브리스길라와 아굴라를 만나 기독교에 대하여 더 정확하게 배웠다(참고. 행 18:24-25). '그들로 부족함이 없게 하고'라는 말은 여행경비를 제공하라는 뜻이다(참고. 고전 16:6-7, 11; 고후 1:16; 롬 15:23-24).[158]

14절: 신자들은 '좋은 일'(칼론 에르곤, good works)에 힘쓰기를 배워야 한다(참고. 8절). '좋은 일'이란 거짓 교사들의 거짓된 교훈을 좇지 않고 바른 교훈에 따라 사는 것을 가리킨다. 좋은 일에 힘쓰는 사람은 매일의 삶에서

---

157) Benjamin Fiore, S. J., 226.
158) Benjamin Fiore, S. J., 226.

신실함으로 자신이 궁핍하지 않게 되고 다른 사람들의 필요도 채워주게 된다. 그리하여 그는 필요한 것을 준비하게 되고 열매 없는 자가 되지 않게 된다. 열매를 맺는 것은 그리스도인들의 삶에서 매우 중요하다. 예수님은 씨 뿌리는 자의 비유를 통하여 열매를 맺는 것을 강조하셨다(참고. 막 4:19 이하). 바울 역시 종종 영적인 결실로서의 열매에 대하여 말하였다(참고. 갈 5:22; 빌 1:22).

15절: 바울은 문안인사와 축복으로 편지를 끝맺는다. 바울과 함께 있는 자들이 구체적으로 누구인지는 알려져 있지 않다. 바울은 자신과 그의 동역자들을 사랑하는 그레데의 신자들에게 문안인사를 전해 달라고 부탁한다. '너희 무리에게'는 '너희 모두에게'(메타 판톤 휘몬)로 번역되어야 한다. 바울은 비록 디도에게 이 편지를 썼지만 더 많은 교인들이 이 편지를 읽을 것(들을 것)을 기대한다(참고. 딤전 6:21; 딤후 4:22). 바울이 예상하는 독자들에는 당시의 청중들을 비롯하여 오늘날의 우리와 미래의 신자들이 모두 포함되어 있다.

Balch, David L. and Carolyn Osiek, *Families in the New Testament World: Households and House Churches*, Louisville: Westminster John Knox Press, 1997.

Barclay, William, *The Letters to Timothy, Titus, and Philemon*, Daily Study Bible, Louisville: Westminster John Knox Press, 2003.

Barrett, C. K., *The Pastoral Epistles*, London: Oxford University Press, 1963.

Bassler, Jouette M., "The Widows' Tale-A Fresh Look at 1 Tim 5:3-16," *Journal of Biblical Literature* 103.1 (1984): 23-41.

Bauer, Walter, *Orthodoxy and Heresy in Earliest Christianity*, Minneapolis: Fortress Press, 1971.

Bruggen, van J., *Die geschichtliche Einordung der Pastoralbriefe*, Wuppertal: R. Brockhaus Verlag, 1981.

Calvin, John, *The Epistles of Paul to Timothy and Titus*, 1548-1550, Edinburgh: Oliver and Boyd, 1964.

Campbell, B. A., *The Elders: Seniority within Earliest Christianity*, Edinburgh: T. & T. Clark, 1994.

Cassidy, Richard J., *Paul in Chains: Roman Imprisonment and the Letters of St. Paul*, New York: Crossroad, 2001.

Cohen, Shaye J. D., "Was Timothy Jewish(Acts 16:1-3)? Patristic Exegesis, Rabbinic Law, and Matrilineal Descent," *Journal of Biblical Literature* 105 (1986): 251-68.

Collins, John N., *Diakonia: Re-interpreting the Ancient Sources*, London: Oxford University Press, 1990.

Davies, M., *The Pastoral Epistles*, Sheffield: Sheffield Academic Press, 1996.

de Boer, Martinus, "Images of Paul in the Post-Apostolic Period," *Catholic Biblical Quarterly* 42 (1980): 359-80.

Dibelius, Martin and Hans Conzelmann, *A Commentary on the Pastoral Epistles*, Hermeneia: A Critical and Historical Commentary on the Bible, 1955(fourth revised edition), Minneapolis: Fortress Press, 1972.

Donelson, Lewis R., *Pseudepigraphy and Ethical Argument in the Pastoral Epistles*,

Tübingen: J. C. B. Mohr, 1986.

Donfried, Karl P., ed., *1 Timothy Reconsidered*, Colloquium Oecumenicum Paulinum 18, Leuven: Peeters, 2008.

Ellis, E. Earle, "Pastoral Letters," in Gerald E. Hawthorne, Ralph P. Martin and Daniel G. Reid (eds.), *Dictionary of Paul and his Letters*, Leicester: IVP, 1993.

Ellis, E. Earle, "Pseudonymity and Canonicity of New Testament Documents," in M. J. Wilkens and T. Paige (eds.), *Worship, Theology, and Ministry in the Early Church*, JSOT Supplement Series 87, Sheffield: Sheffield Academic Press, 1992.

Ellis, E. Earle, *The Making of the New Testament Documents*, Leiden: Brill, 1999.

Fairbairn, Patrick, *Commentary on the Pastoral Epistles*, Grand Rapids: Zondervan, 1956.

Fee, Gordon D., *1 and 2 Timothy and Titus*, New International Biblical Commentary, 1984(revised edition), Peabody: Hendrickson, 1988.

Fee, Gordon D., *God's Empowering Presence: The Holy Spirit in the Letters of Paul*, Peabody: Hendrickson, 1994.

Fee, Gordon D., *Gospel and Spirit: Issues in New Testament Hermeneutics*, Peabody: Hendrickson, 1991.

Fiore, Benjamin, S. J., *The Pastoral Epistles: First Timothy, Second Timothy, Titus*, Sacra Pagina 12, Collegeville, Minnesota: Liturgical Press, 2007.

Fitzmyer, Joseph A., "The Structured Ministry of the Church in the Pastoral Epistles," *Catholic Biblical Quarterly* 66 (2004): 582-96.

France, R. T., *Women in Church's Ministry A Test-Case for Biblical Hermeneutics*, Grand Rapids: Eerdmans, 1997.

Fuller, William J., "Of Elders and Trials in 1 Timothy 5:19-25," *New Testament Studies* 29.2 (1983): 258-63.

Gealy, F. D. and M. P. Noyes, "The Pastoral Epistles," in *The Interpreter's Bible*, G. A. Buttrick (ed.), vol. 11, New York: Abingdon Press, 1955.

Giles, Kevin. *Patterns of Ministry among the First Christians*, Melbourne: Collins Dove, 1989.

Grabbe, Lester L., "The Jannes-Jambres Tradition in Targum Pseudo-Jonathan and Its Date," *Journal of Biblical Literature* 98 (1979): 393-401.

Gundry, Robert H., "The Form, Meaning and Background of the Hymn Quoted in 1

Timothy 3:16," in W. Ward Gasque P. Martin (eds.), *Apostolic History and the Gospel: Biblical and Historical Essays Presented to F. F. Bruce on His 60th Birthday*, Grand Rapids: Eerdmans, 1970.

Guthrie, Donald, *The Pastoral Epistles: An Introduction and Commentary*, Tyndale New Testament commentaries, Leicester: IVP, 1984.

Hanson, Anthony T., *Studies in the Pastoral Epistles*, London: SPCK, 1968.

Hanson, Anthony T., *The Pastoral Epistles*, New Century Bible Commentary, Grand Rapids: Eerdmans, 1982.

Harrill, Albert J., *Slaves in the New Testament: Literary, Social, and Moral Dimensions*, Minneapolis: Fortress Press, 2006.

Harrison, P. N., *The Problem of the Pastoral Epistles*, London: Oxford University Press, 1921.

Hendriksen, William, *A Commentary on the Epistles to Timothy and Titus*, London: Banner of Truth, 1959.

Houlden, J. L., *The Pastoral Epistles*, Trinity Press International New Testament Commentaries, Valley Forge: TPI, 1989.

Hurley, James B., *Man and Woman in Biblical Perspective: A Study in Role Relationships and Authority*, Leicester: IVP, 1981.

Jervis, Ann L., "Paul the Poet in First Timothy 1:11-17; 2:3b-7; 3:14-16," *Catholic Biblical Quarterly* 61 (1999): 695-712.

Johnson, L. T., *Letters to Paul's Delegates: 1 Timothy, 2 Timothy, Titus*. Valley Forge: TPI, 1996.

Karris, Robert J., "The Background and Significance of the Polemic in the Pastoral Epistles," *Journal of Biblical Literature* 92.4 (1973).

Karris, Robert J., *The Pastoral Epistles*, New Testament Message, vol. 17, Wilmington: Michael Glazier, 1979.

Kelly, J. N. D., *The Pastoral Epistles*, Black's New Testament Commentaries, Peabody: Hendrickson, 1963.

Kidd, Reggie M., *Wealth and Beneficence in the Pastoral Epistles: A 'Bourgeois' Form of Early Christianity?*, Atlanta: Scholars Press, 1990.

Kirk, Andrew J., "Did 'Officials' in the New Testament Church Receive a Salary?," *Expository Times* 84.4 (1973): 105-108.

Knight, Gorge W. III, *The Faithful Sayings in the Pastoral Letters*, Grand Rapids: Baker, 1979.

Lampe, G. W. H., "The Evidence in the New Testament for Early Creeds, Catechisms and Liturgy," *Expository Times* 71 (1960): 359-63.

Liefeld, Walter L., *1 and 2 Timothy, Titus*, NIVAC, Grand Rapids: Zondervan, 1999.

Lock, Walter, *A Critical and Exegetical Commentary on the Pastoral Epistles*, The International Critical Commentary, Edinburgh: T. & T. Clark, 1924.

Malherbe, Abraham J., "In Season and Out of Season: 2 Timothy 4:2," *Journal of Biblical Literature* 103 (1984): 235-43.

Malherbe, Abraham J., "Medical Imagery in the Pastoral Epistles," in W. Eugene March (ed.), *Texts and Testaments: Critical Essays on the Bible and Early Church Fathers*, San Antonio: Trinity University Press, 1980, 19-35.

Malherbe, Abraham J., "Paraenesis in the Epistle to Titus." In James Starr and Troels Engberg-Pedersen (eds.), *Early Christian Paraenesis in Context*, BZNW 125, Berlin and New York: Walter de Gruyter, 2004, 297-317.

Malina, Bruce J., "Wealth and Poverty in the New Testament and Its World," *Interpretation* 41 (1987): 354-67.

Marshall, I. H. (in collaboration with P. H. Towner), *A Critical and Exegetical Commentary on the Pastoral Epistles*, ICC, Edinburgh: T. & T. Clark, 1999.

Marshall, I. Howard, "Faith and Works in the Pastoral Epistles," *SNTDSU* 9 (1984): 203-18.

Martin, Sean Charles, *Pauli Testamentum: 2 Timothy and the Last Words of Moses*, Tesi Gregoriana, Serie Teologia 18, Rome: Pontificia Universita Gregoriana, 1997.

McEleney, Neil J., "The Vice List of the Pastoral Epistles," *Catholic Biblical Quarterly* 36 (1974): 203-19.

Metzger, Bruce M., "A Reconsideration of Certain Arguments Against the Pauline Authorship of Pastoral Epistles," *Expository Times* 70.3 (1958): 91-94.

Moo, Douglas J., "1 Timothy 2:11-15: Meaning and Significance," *Trinity Journal* 1.1 (1980): 62-83.

Moule, C. F. D., "The Problem of the Pastoral Epistles ? A Reappraisal," *Essays in New Testament Interpretation*, Cambridge: Cambridge University Press, 1982.

Mounce, W. D., *The Pastoral Epistles*, WBC, Dallas: Word, 2000.

Nolland, John, "Grace as Power," *New Testament Studies* 28 (1986): 26-31.

Oden, Amy G., ed., *And You Welcomed Me: A Sourcebook on Hospitality in Early Christianity*, Nashville: Abingdon Press, 2003.

Oden, Thomas C., *First and Second Timothy and Titus*, Interpretation, Louisville: Westminster John Knox Press, 1989.

Padgett, Alan, "Wealthy Women at Ephesus: 1 Timothy 2:8-15 in Social Context," *Interpretation* 41.1 (1987): 19-31.

Parratt, J. K., "The Laying on of Hands in the New Testament: A Reexamination in Light of the Hebrew Terminology," *Expository Times* 80 (1968-69): 210-14.

Pierce, Anthony Claude, *Conscience in the New Testament*, London: SCM, 1955.

Portefaix, Lilian, " 'Good Citizenship' in the Household of God: Women's Position in the Pastorals Reconsidered in Light of Roman Rule," In Amy-Jill Levine with Marianne Blickenstaff (eds.), *A Feminist Companion to the Deutero - Pauline Epistles*, Cleveland: Pilgrim Press, 2003, 147-58.

Quinn, Jerome D. and William C. Wacker, *The Frist and Second Letters to Timothy : A New Translation with Notes and Commentary*, Grand Rapid: Eerdmans, 2000.

Quinn, Jerome D., *Titus*, Anchor Bible, Garden City: Doubleday, 1990.

Richards, Randolph E., *The Secretary in the Letters of Paul*, Tübingen: J. C. B. Mohr, 1991.

Schleiermacher, F., *Über den sogenannten ersten Brief des Paulus an Timotheus: Ein kritisches Sendschreiben an J. C. Gass*, Berlin, 1807.

Simpson, E. K., *The Pastoral Epistles: The Greek Text with Introduction and Commentary*, London: Tyndale, 1954.

Stambaugh, John E. & David I. Balch, "Asia Minor: Ephesus and Other Cities," in *The New Testament in Its Social Environment*, Library of Early Christianity 2, Philadelphia: Westminster Press, 1986.

Stott, John, *The Message of 1 Timothy & Titus*, Leicester: IVP, 1996, 김현희 역, 서울: IVP, 1998.

Thrall, Margaret E., "The Pauline Use of Syneidesis," *New Testament Studies* 14 (1967-1968): 118-26.

Thruston, Bonnie B., *The Widows: A Women's Ministry in the Early Church*, Minneapolis: Fortress Press, 1989.

Towner, Philip H., "The Present Age in the Eschatology of the Pastoral Epistles," *New Testament Studies* 32.3 (1986): 427-48.

Towner, Philip H., *1-2 Timothy and Titus*, IVPNTC, Leicester: IVP, 1994.

Towner, Philip H., *The Goal of Our Instruction: Structure of Theology and Ethics in the Pastoral Epistles*, JSNT Sup 34, Sheffield: Sheffield Academic Press, 1989.

Verner, David C., *Household of God: The Social World of the Pastoral Epistles*, SBLDS 71, Chico: Scholars Press, 1983.

Walker, William O. Jr., "The 'Theology of Woman's Place' and the 'Paulinist' Tradition," *Semeia* 28 (1983): 101-12.

Ward, Ronald A., *Commentary on 1 and 2 Timothy and Titus*, Dallas: Word, 1974.

White, Newport J. D., *The First and Second Epistles to Timothy and the Epistle to Titus*, The Expositor's Greek Testament, vol. 4, Grand Rapids: Eerdmans, 1920.

Williams, David J., *Paul's Metaphors: Their Context and Character*, Peabody: Hendrickson, 1999.

Wilson, Stephen G., *Luke and the Pastoral Epistles*, London: SPCK, 1979.

Witherington, Ben III, *Women in the Earliest Churches*, SNTSMS 59, Cambridge: Cambridge University Press, 1988.

Wright, David F., "Homosexuality: The Relevance of The Bible," *Evangelical Quarterly* 61.4 (1989): 291-300.

Young, Frances, *The Theology of the Pastoral Letters*, Cambridge: Cambridge University Press, 1994.

| 부록 |

성경주해를 위한 실제

개혁주의 성경해석학

1. 해석이란 무엇인가?

성경의 계시는 시대를 초월하는 하나님의 말씀이다. 하지만 성경의 계시는 특정한 시대에 특정한 언어와 특정한 문화의 옷을 입고 주어졌다. 성경의 계시가 주어진 그 시대에 살던 사람들은 성경에 기록된 내용을 이해하는 데 큰 어려움을 겪지 않았다. 그들은 자신들의 언어와 문화에 익숙해 있어서 성경이 말하려는 의도를 자연스럽게 이해할 수 있었다. 하지만 우리는 그로부터 너무 멀리 떨어진 시대에 살고 있다. 그리고 우리는 당시의 상황과 너무나 다른 상황에 처해 있다. 따라서 오늘날 우리가 성경을 바르게 해석하기란 결코 쉽지 않다.

해석은 두 가지 의미를 찾는 작업이다. 하나는 본문이 말하려고 한 '원래의 의미'(orignal meaning: what it meant)를 찾는 일이고, 다른 하나는 그것이 현대를 살아가는 우리에게 주는 '교훈'(contemporary significance: what it means)을 찾는 일이다. 원래의 의미를 정확하게 파악하여 자신의 형편에 적실하게 적용하는 두 가지 행위를 통틀어서 해석이라고 한다. 필시 성경을 어떻게 해석하느냐에 따라서 신앙이 결정된다. 바른 성경 해석은 바른 신앙을 가지게 하며 잘못된 성경 해석은 잘못된 신앙을 가지게 한다. 그러므로 성경을 정확하게 해석하는 일은 매우 신중하고 사려깊게 이루어져야 한다.

2. 본문에 대한 두 가지 접근방법

일반적으로 문헌에 대한 접근 방법에는 두 가지가 있다. 하나는 '통시적 접근'(diachronic approaches)이고 다른 하나는 공시적 접근(synchronic approaches)이다. 통시적 접근은 문헌의 역사적 발전과정을 추적하는 방법인 반면에, 공시적 접근은 완성된 문헌이 담고 있는 의미를 분석하는 방법이다. 성경본문에도 이 두 가지의 접근 방법을 적용할 수 있다. 통시적 접근 방법에는 양식비평, 자료비평, 전승사비평, 편집비평 등이 있고, 공시적 접근 방법에는 구조주의, 의미론, 서사비평 등이 있다. 이 두 가지 접근 방법은 성격이 매우 다르다.

과거에는 독일어권의 학자들을 중심으로 주로 통시적으로 성경본문을 다루었으나, 근래에는 영미권의 학자들을 중심으로 주로 공시적으로 성경본문을 분석하고 있다. 이러한 해석학 방법론의 변화는 본문에 대한 통시적 접근 방식이 다분히 가설적이었을 뿐만 아니라 별로 생산적이지 않았기 때문이다. 사실 성경을 통시적으로 바라봐야 별로 유익이 없다. 오히려 본문을 공시적으로 대하면서 당시의 독자들이 완성된 본문을 통하여 어떤 교훈을 얻었으며 또한 나아가서 그것이 오늘날 우리에게 주는 의미가 무엇인지를 파악하는 것이 훨씬 유익하다.

하지만 최근 들어서는 이 두 가지를 통합하는 접근방식이 선호된다. 즉 먼저 본문을 공시적으로 보면서 본문의 의미를 찾고, 다음으로 본문을 통시적으로 보면서 본문의 발전과정을 파악하는 것이다. 이러한 통합적인 시도를 통하여 저자가 본문을 통해서 말하려고 했던 의도를 보다 정확하게 파악할 수 있을 뿐만 아니라 본문이 오늘날 우리에게 주는 교훈을 적실하게 찾을 수 있게 한다. 이러한 해석학적 절차는 대단히 정교하고 어렵기까지 하기 때문에 해석자는 고도의 학문성과 집중력을 가지고 임해야 한다. 그러나 그 유익은 분명히 크다고 할 수 있다.

3. 해석의 요소

저자는 본문이라는 매개체를 사용하여 독자에게 메시지를 전달한다. 그러므로 해석자는 저자와 본문과 독자 모두를 알아야 한다. 즉 저자가 누구인지를 알아야 하며, 본문의 언어적 구조를 알아야 하고, 독자가 누구인지를 알아야 한다. 해석학에서는 일반적으로 저자에 대한 지식을 '본문 뒤의 세계'(World behind text), 본문에 대한 지식을 '본문 안의 세계'(World in text), 그리고 독자에 대한 지식을 '본문 앞의 세계'(World in front of text)라고 부른다. 그리고 이들을 모두 고려하는 해석을 '다차원적 해석'이라 부른다.

먼저, 저자와 독자가 처해 있는 상황을 알아야 한다. 저자와 독자는 특정한 상황에 놓여 있다. 그들은 필연적으로 당시의 사회적, 역사적, 문화적, 종교적 요소들에 의해서 영향을 받는다. 이러한 요소들은 그들이 보내고 받은 본문 안에 고스란히 반영되어 있다. 그러므로 정확한 해석을 위하여 그들이 처해 있던 상황을 파악하는 것은 필수적이다. 해석자는 본문이 평화로운 시대에 기록되었는지 아니면 박해의 때에 기록되었는지, 신자들을 대상으로 기록되었는지 아니면 불신자들을 대상으로 기록되었는지 등을 알아서 본문을 연구할 때에 고려해야 한다.

다음으로, 본문의 언어학적 요소와 의미 전달 기법을 알아야 한다. 성경은 구조화된 문법에 따른 글로 기록되었다. 저자는 독자와 바르게 소통하기 위하여 필시 문예적 장치들과 언어학적 요소들을 사용하였다. 따라서 해석자는 본문이 포함되어 있는 책의 큰 구조(macro structure)와 작은 구조(micro structure)를 파악해야 하고 본문에 담겨 있는 문법적 그리고 언어적 요소들을 분석해야 한다. 이를 위하여 해석자는 성경 기록에 사용된 언어(히브리어, 헬라어)를 익혀야 한다. 성경 언어를 능숙하게 아는 만큼 성경 해석이 정확해 질 가능성이 높다.

4. 해석의 전제

사람은 언제나 자신들이 가지고 있는 선입관을 가지고 해석을 한다. 즉 자신이 처해 있는 환경과 자신이 가지고 있는 관점에 따라 해석하는 것이다. 이러한 해석자의 선입관은 본문을 이해하는 데 결정적인 영향을 미친다. 개혁주의자들이 성경에 대하여 가져야 할 전제들이 있다. 그런데 사실 이 전제란 해석하는 자의 전제가 아니라 성경 자체에 대한 전제이다. 즉 개혁주의자들은 해석자의 전제가 아니라 성경의 전제를 중요하게 생각해야 하는 것이다. 개혁주의자들이 가져야 할 대표적인 전제들은 성경의 역사성과 영감과 구속사이다.

먼저 성경의 역사성을 인정해야 한다. 성경의 역사성을 부인하는 사람들은 성경이 단지 특정한 사상을 심어 주기 위해서 기록된 책일 뿐이며 역사적인 사실을 기록하는 데에는 그리 관심을 두지 않았다고 말한다. 그러나 개혁주의자들은 성경의 역사성을 강하게 주장한다. 그들은 성경의 기록과 고대의 문서들과 고고학적인 발굴(예. 비문의 기록, 유적지의 발견)이 일치한다는 사실을 강조한다. 성경을 해석하면서 이러한 역사성에 대한 전제적 이해가 없으면 해석이 이데올로기적이 되어서 상대화 혹은 실존화 되어 버린다.

다음으로 성경의 영감을 바르게 이해해야 한다. 성경의 저자는 하나님이시지만 동시에 사람이다. 따라서 성경의 저자가 하나님이시기 때문에 모든 성경은 통일성을 가지지만, 동시에 성경의 저자가 사람이기에 각 성경은 나름대로의 독특성(다양성)을 가진다. 하나님은 성경을 기록하는 자들에게 독특한 영감을 주셔서 기록하게 하셨다. 지금 이 영감은 사라지고 없기에 우리는 그 영감의 성격을 이해할 수 없다. 어쨌든 하나님은 인간을 단지 받아 적는 도구로만 사용하지 않으시고 그들이 가지고 있는 지식과 경험과 배경을 인정하시면서 기록하게 하셨다.

성경은 구속사적인 책이다. 즉 성경을 기록한 목적은 구속사를 알리기 위해서이다. 그러므로 구속사를 모르면 성경을 바르게 해석할 수 없다. 구속사적으로 성경을 본다는 것은 삼위 하나님께서 인류의 구속을 위하여 어떻게 일하셨는지가 성경에 어떤 방식으로 드러나 있는지를 보는 것을 뜻한다. 즉 성경이 단순히 역사적 사실을 통하여 인간들에게 윤리나 도덕을 가르치려고 기록된 책이 아니라 오히려 온 인류에게 삼위 하나님을 알고 믿게 하며 그리하여 영생을 주기 위하여 기록된 '복음'임을 깨닫는 것이다. 실로 성경을 구속사적으로 해석해야 한다.

5. 해석의 과정

이제 앞에서 언급한 내용들을 모두 염두에 두고서 우리가 어떻게 성경을 해석할 것인지에 대한 실제적인 문제를 다루어 보겠다. 성경을 해석할 때 성령님의 도우심을 구해야 하는 것은 말할 나위가 없다.

1) 본문을 읽고 또 읽어야 한다.

본문을 가능한 한 많이 읽는 것이 제일 중요하다. 평소에 성경을 많이 알아야 하며 연구하려는 본문을 더욱 집중해서 많이 읽어야 한다. 그러다 보면 본문의 구조와 의미를 자연스럽게 파악할 수 있다. 어떤 목회자는 한 번의 설교를 위하여 본문을 무려 50번이나 읽는다고 한다. 시간과 여건이 가능하다면 100번이라도 읽어야 한다. 일단 원어로 읽는 것이 좋다. 그런 다음에는 다양한 번역본들을 참고하면 도움이 된다. 원어를 기초로 한 상태에서 여러 번역본들을 참고하여 상호 비교하면서 읽으면 의미의 차이를 더욱 잘 이해할 수 있다.

2) 좋은 주석서를 참고해야 한다.

성경을 많이 읽은 후에는 좋은 주석을 읽어 보아야 한다. 사실 일반교인은 물론이거니와 목회자라 하더라도 스스로의 힘으로 본문을 정확하게 해석하는 것은 쉽지 않다. 게다가 자신의 해석이 옳은지 틀린지를 검증하는 것도 필요하다. 이를 위하여 좋은 주석서를 구입해서 참고하는 것이 좋다. 그런데 좋은 주석서를 구입하기가 또한 쉽지 않다. 시중에 나와 있는 주석들 중에는 아무런 학문적 검증 없이 쓰여진 주석들이 많다. 그러므로 해당 분야에서 권위 있는 저자가 권위 있는 출판사에서 출간한 좋은 주석을 읽어야 한다. 이를 위하여 주석 구입 안내서를 구비하는 것이 좋다. 영어로 쓰여진 저명한 안내서로는 미국 Baker Academic 출판사에서 출간한 'Old Testament Commentary Survey' (Tremper Longman III)와 'New Testament Commentary Survey' (D. A. Carson)가 있다.

3) 본문을 해석해야 한다.

이제 본문을 본격적으로 해석해야 한다. 기억해야 할 것은 좋은 주석을 참고한다 하더라도 결국 해석자를 만족시켜 줄 수 없다는 사실이다. 결국 해석자가 스스로 본문의 의미를 찾아야 한다. 그러므로 성경을 연구하려는 사람은 해석학에 대한 전반적인 개념을 알아야 하며, 해석의 방법과 절차에 대한 소양을 갖추어야 한다. 성경 원어를 알아야 하며, 성경이 기록되던 당시의 사회-역사적인 정황을 이해해야 하고, 성경의 언어학적-문법적 지식을 습득해야 한다.

본문을 해석하는 일반적인 과정 혹은 절차를 소개하면 다음과 같다.

> 본문의 사회-역사적인 정황 파악
> 본문의 문맥(macro context, micro context) 파악
> 본문 비평(textual criticism) : 필요한 곳에 한하여
> 본문의 구조 파악 : 사고의 흐름과 논리적인 연관관계를 파악함
> 상세한 해석 : 문법적-문예적-신학적 해석

4) 신학적 메시지를 찾아야 한다.

해석의 마지막 단계는 신학적 메시지를 찾는 것이다. 신학적 메시지란 본문이 오늘을 살아가는 우리에게 주는 의미이다. 성경본문이 과거에 가졌던 의미만을 파악하고 마쳐서는 안 된다. 오늘날 우리에게 이 본문이 무슨 메시지를 전하는지를 발견해야 한다. 왜냐하면 성경본문은 '승귀하신 예수님의 현존'(the presence of the risen Jesus)이기 때문이다. 우리는 성경본문을 통하여 살아계신 예수님을 만난다. 과거에 사람들은 예수님을 만나서 그분에게 말씀을 듣고 영생을 얻었으나 우리는 예수님의 말씀이 담긴 성경을 읽고 영생을 얻는다.

특히 설교자들과 성경교사들은 성경본문의 이야기가 과거의 사건으로만 머물지 않고 그것이 오늘날 우리에게 어떤 중요한 메시지를 전달하는지를 알아서 효과적으로 전할 수 있어야 한다. 그렇지 않으면 청중으로 하

여금 본문과 현실 사이의 괴리감을 느끼게 할 것이다. 이러한 설교적 원리를 위하여 고재수 교수가 저술한 '구속사적 설교의 실재' (CLC), 황창기 교수가 저술한 '예수님, 교회, 그리고 나' (이레서원), 그리고 필자의 책, '설교자를 위한 마가복음 주해' (CLC) 등을 참고할 수 있다.

강화 분석법으로 해석한 로마서 13:1-7

로마서 13장 1-7절

13:1 각 사람은 위에 있는 권세들에게 복종하라 권세는 하나님으로부터 나지 않음이 없나니 모든 권세는 다 하나님께서 정하신 바라

13:2 그러므로 권세를 거스르는 자는 하나님의 명을 거스름이니 거스르는 자들은 심판을 자취하리라

13:3 다스리는 자들은 선한 일에 대하여 두려움이 되지 않고 악한 일에 대하여 되나니 네가 권세를 두려워하지 아니하려느냐 선을 행하라 그리하면 그에게 칭찬을 받으리라

13:4 그는 하나님의 사역자가 되어 네게 선을 베푸는 자니라 그러나 네가 악을 행하거든 두려워하라 그가 공연히 칼을 가지지 아니하였으니 곧 하나님의 사역자가 되어 악을 행하는 자에게 진노하심을 따라 보응하는 자니라

13:5 그러므로 복종하지 아니할 수 없으니 진노 때문에 할 것이 아니라 양심을 따라 할 것이라

13:6 너희가 조세를 바치는 것도 이로 말미암음이라 그들이 하나님의 일꾼이 되어 바로 이 일에 항상 힘쓰느니라

13:7 모든 자에게 줄 것을 주되 조세를 받을 자에게 조세를 바치고 관세를 받을 자에게 관세를 바치고 두려워할 자를 두려워하며 존경할 자를 존경하라

1. 서론: 성경 본문을 통한 교의 설정

이 글의 목적은 로마서 13:1-7을 주해함으로써 그리스도인이 국가에 대하여 어떤 자세를 가져야 하는지를 설정하기 위한 것이다. 바울은 로마서 13:1-7에서 그리스도인이 국가를 어떻게 생각해야 하며 국가의 통치력에 어떻게 반응해야 하는지를 매우 분명하게 가르쳐준다. 따라서 본문을 정확히 주해하여 그리스도인의 국가관에 대한 교의적인 틀을 마련하고자 한다. 필시 특정한 교의적/윤리적 주제에 대한 논의를 진전시키기 위하여 먼저 해야 할 일은 관련된 성경 본문을 살펴서 성경이 무엇이라 말하는지를 밝히는 일이다.

2. 본문의 문맥: 영적 예배의 관점

바울은 로마서 1-11장에서 신학적 교훈(직설법)을 말한 후에, 12-15장에서 앞에서 다룬 신학적 교훈에 기초한 윤리적 권면(명령법)을 말한다. 그런데 12-15장에 제시된 모든 윤리적 권면들은 모두 12:1-2에 제시된 '영적 예배'라는 전체 명제(propositio) 아래에 있다. 그러므로 13:1-7의 권면은 그리스도인들의 '영적 예배'라는 측면에서 이해해야 한다. 즉 국가에 대한 그리스도인의 태도는 성과 속을 구분하는 이원론적인 사고에 근거하지 않고 삶의 모든 분야가 하나님의 주권하에 있음을 인정하는 원리에 근거한다.

3. 본문 주해: 강화 분석법을 통하여(헬라어 본문 중심)

여기서는 본문의 의도를 정확히 파악하기 위하여 '강화 분석'이라는 연구 방법을 사용하려고 한다. '강화 분석'(discourse analysis)이란 강화를 작은 의미 단위로(colon, 주부+술부) 분해하고 작은 의미 단위들간의 논리적 연관

관계를 파악함으로써 강화 전체의 의미를 찾는 방법이다. 단, 여기서 강화 분석법의 모든 방법과 절차가 동원되었으나, 기술적인 문제로 지면에 모든 사항이 언급되지는 않았음을 밝힌다.

1) 콜론 분해

Cluster A: 권세에 복종하라(1-2절)

> ¹ 각 사람은 위에 있는 권세들에게 복종하라 권세는 하나님으로부터 나지 않음이 없나니 모든 권세는 다 하나님께서 정하신 바라 ² 그러므로 권세를 거스르는 자는 하나님의 명을 거스름이니 거스르는 자들은 심판을 자취하리라

1절a: 각 사람은 위에 있는 권세들에게 복종하라
1절b: 권세는 하나님으로부터 나지 않음이 없나니 모든 권세는 다 하나님께서 정하신 바라
2절a: 그러므로 권세를 거스르는 자는 하나님의 명을 거스름이니
2절b: 거스르는 자들은 심판을 자취하리라

Cluster B: 권세에 복종해야 할 이유(3-5절)

> ³ 다스리는 자들은 선한 일에 대하여 두려움이 되지 않고 악한 일에 대하여 되나니 네가 권세를 두려워하지 아니하려느냐 선을 행하라 그리하면 그에게 칭찬을 받으리라 ⁴ 그는 하나님의 사역자가 되어 네게 선을 베푸는 자니라 그러나 네가 악을 행하거든 두려워하라 그가 공연히 칼을 가지지 아니하였으니 곧 하나님의 사역자가 되어 악을 행하는 자에게 진노하심을 따라 보응하는 자니라 ⁵ 그러므로 복종하지 아니할 수 없으니 진노 때문에 할 것이 아니라 양심을 따라 할 것이라

3절a: 다스리는 자들은 선한 일에 대하여 두려움이 되지 않고 악한 일에
　　　 대하여 되나니

3절b: 네가 권세를 두려워하지 아니하려느냐 선을 행하라

3절c: 그리하면 그에게 칭찬을 받으리라

4절a: 그는 하나님의 사역자가 되어 네게 선을 베푸는 자니라

4절b: 그러나 네가 악을 행하거든 두려워하라

4절c: 그가 공연히 칼을 가지지 아니하였으니

4절d: 곧 하나님의 사역자가 되어 악을 행하는 자에게 진노하심을 따라
　　　 보응하는 자니라

5절a: 그러므로 복종하지 아니할 수 없으니

5절b: 진노 때문에 할 것이 아니라

5절c: 양심을 따라 할 것이라

Cluster C: 권세에 복종하는 것의 예(6-7절)

**6 너희가 조세를 바치는 것도 이로 말미암음이라 그들이 하나님의 일꾼이
되어 바로 이 일에 항상 힘쓰느니라 7 모든 자에게 줄 것을 주되 조세를 받
을 자에게 조세를 바치고 관세를 받을 자에게 관세를 바치고 두려워할 자
를 두려워하며 존경할 자를 존경하라**

6절a: 너희가 조세를 바치는 것도 이로 말미암음이라

6절b: 그들이 하나님의 일꾼이 되어 바로 이 일에 항상 힘쓰느니라

7절a: 모든 자에게 줄 것을 주되

7절b: 조세를 받을 자에게 조세를 바치고

7절c: 관세를 받을 자에게 관세를 바치고

7절d: 두려워할 자를 두려워하며

7절e: 존경할 자를 존경하라

2) 콜론 설명

Cluster A: 권세에 복종하라(1-2절)

> ¹ 각 사람은 위에 있는 권세들에게 복종하라 권세는 하나님으로부터 나지 않음이 없나니 모든 권세는 다 하나님께서 정하신 바라 ² 그러므로 권세를 거스르는 자는 하나님의 명을 거스름이니 거스르는 자들은 심판을 자취하리라

1절a: 권세에 복종하라는 권면 - 바울은 "각 사람은 위에 있는 권세들에게 복종하라"고 권면한다(벧전 3:5-6). 여기서 권세들(exousia)이란 세상을 다스리는 인간 통치자들이며 나아가서 국가이다. 바울은 1-5절에서 권세라는 단어를 네 번 사용하고, 권세에 복종하라는 말을 두 번 사용한다.

1절b: 권세의 신적 기원 - 모든 사람이 권세들에게 복종해야 하는 이유는 모든 권세가 하나님으로부터 나왔으며 하나님께서 정하신 것이기 때문이다(골 1:16-17). 하나님은 세상의 통치자들을 세우시고 그들을 통하여 당신의 뜻을 펼치시기를 기뻐하셨다(시 75:7; 단 2:21).

2절a-b: 권세에 복종하지 않은 결과 - 권세는 하나님께서 정하신 것이기 때문에 권세를 거스르는 자는 하나님의 명을 거스르는 것이며(2절a), 따라서 그러한 자들은 심판을 자취(bring)할 것이다(2절b). 하나님은 선한 통치자들을 세우셔서 백성들이 복을 누리게 하시지만, 때로는 악한 통치자들을 사용하셔서 백성들을 징벌하기도 하신다(대하 25:20; 32:24-25).

Cluster B: 권세에 복종해야 할 이유(3-5절)

> ³ 다스리는 자들은 선한 일에 대하여 두려움이 되지 않고 악한 일에 대하여

되나니 네가 권세를 두려워하지 아니하려느냐 선을 행하라 그리하면 그에
게 칭찬을 받으리라 ⁴ 그는 하나님의 사역자가 되어 네게 선을 베푸는 자니
라 그러나 네가 악을 행하거든 두려워하라 그가 공연히 칼을 가지지 아니
하였으니 곧 하나님의 사역자가 되어 악을 행하는 자에게 진노하심을 따라
보응하는 자니라 ⁵ 그러므로 복종하지 아니할 수 없으니 진노 때문에 할 것
이 아니라 양심을 따라 할 것이라

3절a: 권세에 복종해야 할 이유 - 권세에 복종해야 할 이유는 다스리는
자들이 선한 일에 대하여 두려움이 되지 않고 악한 일에 대하여 두려움이
되기 때문이다. 하나님은 공권력을 사용하셔서 선이 증진되게 하시고 악
이 억제되게 하신다.

3절b-4절a: 선을 행함(3절a에 대한 설명) - 권세를 두려워하지 않으려면 선
을 행해야 한다(3절b). 선을 행하면 그에게서 칭찬을 받을 것이다(3절c). 왜
냐하면 그는 하나님의 사역자가 되어 사람들에게 선을 베푸는 자이기 때
문이다(4절a). 통치자는 선을 행하는 자들을 칭찬하고 보상함으로 선을 더
욱 증진시킨다.

4절b-d: 악을 행함(3절b-4절a를 부정적으로 반복) - 그러나 악을 행하면 두려
워해야 한다(4절b). 왜냐하면 통치자가 심판할 것이기 때문이다(4절c). 통치
자는 하나님의 사역자가 되어 악을 행하는 자에게 보응할 것이다(4절d). 하
나님의 심판은 자주 국가의 법을 통하여 집행되며, 그리하여 사회의 악이
억제되고 사회의 질서가 유지된다.

5절a-c: 3-4절의 요약(소결론) - 그러므로(dio) 권세에 복종하지 아니할 수
없는데(5절a), 권세자가 수행하는 하나님의 진노에 대한 두려움 때문만이
아니라(5절b), 또한 우리의 양심이 그것을 옳다고 말하기 때문이다(5절c).

Cluster C: 권세에 복종하는 것의 예(6-7절)

> ⁶ 너희가 조세를 바치는 것도 이로 말미암음이라 그들이 하나님의 일꾼이 되어 바로 이 일에 항상 힘쓰느니라 ⁷ 모든 자에게 줄 것을 주되 조세를 받을 자에게 조세를 바치고 관세를 받을 자에게 관세를 바치고 두려워할 자를 두려워하며 존경할 자를 존경하라

6절a: 권세에 복종하는 것의 구체적인 예(a practical illustration) - 권세에 복종하는 것은 다양하게 표현될 수 있는데, 그 가운데 하나가 세금을 내는 일이다(막 12:17). 세금은 국가를 운영하기 위한 필수요건이며, 국민의 가장 기본적인 의무 가운데 하나이다.

6절b: 세금을 내야 하는 이유 - 세금을 내야 하는 이유는 권세자들이 하나님의 일꾼이 되어 하나님이 시키신 일에 힘쓰기 때문이다. 이미 바울은 앞에서 권세자들이 하나님에 의해서 세워졌다는 사실을 적시한 바 있는데, 그런 차원에서 볼 때 세속 국가에 세금을 내는 일은 결국 하나님의 나라를 위한 일이라고 할 수 있다.

7절a-e: 세금을 내는 문제의 결론 - 그러므로 모든 자에게 줄 것을 주되(7절a), 조세를 받을 자에게 조세를 바치고(7절b), 관세를 받을 자에게 관세를 바치고(7절c), 두려워할 자를 두려워하며(7절d), 존경할 자를 존경해야 한다(7절e). 이러한 다양한 종류의 납세와 의무 이행을 통하여 국가가 유지되며 국가의 기능이 활발해진다.

4. 결론: 신학적 메시지

바울은 로마서 13:1-7을 통하여 다음의 신학적 메시지를 전해 준다.

1) 국가는 하나님이 세우신 기관으로서 하나님은 국가를 통하여 당신의 뜻을 이루어 가신다.

2) 국가 권력에 복종하는 것은 영적 예배의 일부분인데, 국가 권력에 복종하는 것은 곧 하나님께 복종하는 것이다.

3) 국가 권력에 복종하면 상을 받을 것이고 복종하지 않으면 벌을 받을 것이지만, 국가 권력에 복종해야 하는 보다 근본적인 이유는 그것이 양심에 비추어볼 때 옳은 일이기 때문이다.

4) 국가 권력에 복종하는 구체적인 실천의 예는 각종 세금을 내는 일과 다양한 의무를 이행하는 일이다.

그러나 이 글에서 주제와 지면의 제한으로 다루지 않은 교의적, 윤리적 주제는 다음과 같다.

1) 통치자가 하나님의 뜻을 거스를 때에는 어떻게 해야 하는가?

2) 국가 권력에 대한 불복종과 저항의 기준과 방법은 무엇인가?

3) 교회와 목회자의 조세 문제를 어떻게 생각해야 하는가?

4) 기타: 기독교인의 개인적인 복수, 기독교인간의 송사, 국가간의 전쟁 등

신자들간의 송사를 어떻게 볼 것인가?

- 고전 6:1-11 주해 -

고린도전서 6장 1-11절

6:1 너희 중에 누가 다른 이와 더불어 다툼이 있는데 구태여 불의한 자들 앞에서 고발하고 성도 앞에서 하지 아니하느냐
6:2 성도가 세상을 판단할 것을 너희가 알지 못하느냐 세상도 너희에게 판단을 받겠거든 지극히 작은 일 판단하기를 감당하지 못하겠느냐
6:3 우리가 천사를 판단할 것을 너희가 알지 못하느냐 그러하거든 하물며 세상 일이랴
6:4 그런즉 너희가 세상 사건이 있을 때에 교회에서 경히 여김을 받는 자들을 세우느냐
6:5 내가 너희를 부끄럽게 하려 하여 이 말을 하노니 너희 가운데 그 형제 간의 일을 판단할 만한 지혜 있는 자가 이같이 하나도 없느냐
6:6 형제가 형제와 더불어 고발할 뿐더러 믿지 아니하는 자들 앞에서 하느냐
6:7 너희가 피차 고발함으로 너희 가운데 이미 뚜렷한 허물이 있나니 차라리 불의를 당하는 것이 낫지 아니하며 차라리 속는 것이 낫지 아니하냐
6:8 너희는 불의를 행하고 속이는구나 그는 너희 형제로다
6:9 불의한 자가 하나님의 나라를 유업으로 받지 못할 줄을 알지 못하느냐 미혹을 받지 말라 음행하는 자나 우상 숭배하는 자나 간음하는 자나 탐색하는 자나 남색하는 자나
6:10 도적이나 탐욕을 부리는 자나 술 취하는 자나 모욕하는 자나 속여 빼앗는 자들은 하나님의 나라를 유업으로 받지 못하리라
6:11 너희 중에 이와 같은 자들이 있더니 주 예수 그리스도의 이름과 우리 하나님의 성령 안에서 씻음과 거룩함과 의롭다 하심을 받았느니라

1. 서론

오늘날 가장 바쁜 국가 기관 중 하나는 법원이다. 법원은 사람들 사이에 끊임없이 일어나는 다양한 분쟁들을 처리하여야 한다. 사람들 사이에 분쟁이 일어나는 것은 언제나 불행하고 안타까운 일이다. 이러한 불행은 타락한 세상에서 결코 없어지지 않을 것이다. 그런데 더욱 안타깝게도 믿음의 형제들(성도들)간에도 종종 분쟁이 일어난다. 같은 교회의 성도들끼리 고소를 하는 경우가 있고, 다른 교회에 다니는 교인을 고소하는 경우도 있다. 심지어 교회가 다른 교회를 고소하는 일도 있다. 이에 우리는 성도들 간의 송사에 대하여 성경이 무엇이라 말하는지를 좀 더 구체적으로 알아야 할 필요가 있다. 성도들간의 송사에 대해 언급하는 고린도전서 6:1-11을 주해함으로써 이 문제에 대한 성경적인 관점을 정립해보자.

2. 본문의 문맥

바울은 고린도전서 5장에서 음행의 문제를 다룬다. 음행은 고린도교회에서 가장 골치 아픈 문제였다. 그런데 그는 음행의 문제를 마무리하지 않고 남겨둔다. 오히려 그는 고린도전서 5장의 말미(12-13절)에서 음행하는 자들에게 임할 심판에 대하여 말한다. 그러다가 고린도전서 6:1-11에서 고린도 교회의 또 다른 문제인 성도들간의 송사에 대하여 언급한다. 그리고 그는 송사에 대한 언급을 마친 후에 고린도전서 6:12-20에서 다시 음행의 문제를 다룬다.

몇 가지 질문을 던져보자: 바울은 왜 동일 문맥에서 음행과 송사를 같이 다루는가? 음행이 잘못이라는 점은 명백하지만, 소송은 왜 문제가 되는가? 더욱이 성도들간의 소송이 왜 문제가 되는가? 세상의 권위자(예. 왕, 정치가,

선생, 재판관)를 세우신 분이 하나님이신 것을 인정한다면 그들에게서 재판을 받는 것이 잘못된 일인가?

이제 본문을 주해함으로써 이러한 질문들에 대한 해답을 찾아보겠다.

3. 본문 주해

1) 교회는 세상 위에 있는 공동체(1-6절)

> ¹ 너희 중에 누가 다른 이와 더불어 다툼이 있는데 구태여 불의한 자들 앞에서 고발하고 성도 앞에서 하지 아니하느냐 ² 성도가 세상을 판단할 것을 너희가 알지 못하느냐 세상도 너희에게 판단을 받겠거든 지극히 작은 일 판단하기를 감당하지 못하겠느냐 ³ 우리가 천사를 판단할 것을 너희가 알지 못하느냐 그러하거든 하물며 세상 일이랴 ⁴ 그런즉 너희가 세상 사건이 있을 때에 교회에서 경히 여김을 받는 자들을 세우느냐 ⁵ 내가 너희를 부끄럽게 하려 하여 이 말을 하노니 너희 가운데 그 형제간의 일을 판단할 만한 지혜 있는 자가 이같이 하나도 없느냐 ⁶ 형제가 형제와 더불어 고발할 뿐더러 믿지 아니하는 자들 앞에서 하느냐

1절: 바울은 고린도 교인들 가운데 누군가가 다른 교인을 세상 법정에 고발한 사실이 있었음을 지적한다. 바울이 보기에 이것은 있을 수 없는 일이었다. 이에 바울은 소송을 제기한 당사자들을 나무랄 뿐만 아니라, 그러한 일을 방치하고 묵인한 교회도 나무란다(바울은 성도와 교회를 구분하지 않고 같이 사용한다. 따라서 필자도 두 용어를 같이 사용하겠다). 여기서의 '불의한 자와 성도'는 도덕적 개념이 아니라 종교적 개념이다. 이것은 악한 자와 선한 자를 뜻하는 것이 아니라 그리스도를 믿지 않는 불신자와 그리스도를 믿는 신자를 뜻한다.

바울이 말하고자 하는 것은 성도들간에 분쟁이 일어났을 때 세상에 나가서 해결할 것이 아니라 교회 안에서 해결해야 한다는 것이다. 즉 교회의 기능 가운데 하나가 옳고 그름을 판결하는 일이라는 것이다. 물론 이것은 교회 안의 법조인들을 통한 재판이 아니라 교회의 지도자들(당회)에 의한 재판이다. 그러나 그들은 그렇게 하지 않았다. 그들은 그 문제를 교회 안에서 처리하지 않고 세상으로 가지고 나갔다. 이것은 교회의 기능을 무시하는 처사이다. 아니면 교회가 제 역할을 못했기 때문일 수도 있다. 어쨌든 교인과 교회 모두가 잘못했다.

2절: 바울은 성도의 특권을 말한다. 그는 성도가 세상을 판단할 것을 알지 못하느냐고 책망한다(참고. 고전 15:24-28). 여기서 '세상을 판단할 것' 이라는 표현은 미래형인데, 가능성을 의미하는 것이 아니라 확정을 의미한다. 즉 교회는 세상을 지금 판단하고 있으며, 궁극적으로 판단할 것이라는 뜻이다. 바울은 하물며 교회 내부에서 일어나는 '작은 일' 을 자체적으로 판단하지 못하느냐고 책망한다. 여기서 '작은 일' 이란 성도들간의 송사를 가리킨다. 세상에서 일어나는 일과 비교할 때 이것은 아주 작은 일에 불과하다.

3절: 바울은 성도의 특권을 한 가지 더 말한다. 그는 성도가 심지어 천사들도 판단한다고 말한다. 그런데 성도가 천사들을 판단한다는 말은 성경이나 다른 문헌에 나오지 않는다. 여기서의 천사가 글자 그대로 천사(angel)를 가리키는지 아니면 사탄을 가리키는지 분명하지 않다. 성경 전체의 교의를 통해서 유추할 때 아마 사탄일 것이다(참고. 벧후 2:4; 유 6). 하지만 이것을 천사라고 본다 하더라도, 이 언급은 분명히 성도의 종말론적인 영광스러운 지위를 가리킨다. 교회가 심지어 영물인 천사들도 판단하는데, 하물며 세상의 일을 판단하지 못하겠는가?

4절: 그러므로 교회는 문제가 발생했을 때에 '교회에서 경히 여김을 받는 자들'을 세워서는 안 된다. '교회에서 경히 여김을 받는 자들'은 '아무런 지위가 없는 자들'이라는 뜻인데, 불신자 재판관들을 가리킨다. 교회는 결코 세상에 종속되지 않는다. 오히려 교회는 세상을 판단하는 기관이다. 교회에서 경히 여김을 받는 자들에게 판단을 받아서는 안 된다.

*1-4절의 구조

1-4절은 교회의 영광스러운 지위를 강조한다. 바울은 여기서 인클루지오(ABB'A') 구조를 사용하여 교회의 영광스러운 지위를 드러낸다.

    A 1절: 불의한 자들 - 불의한 이교도 재판관들
    B 2절: 성도가 세상을 판단함 - 세상 위에 있는 교회
    B' 3절: 성도가 천사를 판단함 - 교회의 영광스런 지위
    A' 4절: 교회에서 경히 여김을 받는 자들 - 불의한 이교도 재판관들

이 구조의 의미는 다음과 같다. 교회는 세상 위에 있으며 영광스런 지위(종말론적 지위)를 가지고 있다. 따라서 불의하고 불공정한 이교도 재판관들이 교회를 판단하는 것은 옳지 않다.

5-6절: 고린도 교인들은 자신들이 지혜롭다고 생각하고 교만하였다. 그러므로 바울은 고린도 교회에 그토록 지혜로운 자가 많다고 하면서 왜 교회의 문제를 외부에 가져가서 교회를 부끄럽게 만드는가라고 책망한다. 특히 바울은 여기서 '형제'라는 용어를 사용한다. 이는 교회가 가족 공동체, 곧 '하나님의 가족'(Heavenly Family)이라는 사실을 시사한다. 그러므로 성도들이 분쟁을 하는 것은 결국 집안 식구들끼리 싸우는 것이 된다. 교회

의 신자들이 하나님의 가족 구성원이라는 개념은 이어지는 구절들에서 더욱 구체화되며 강조된다.

2) 교회는 하나님의 가정(7-11절)

> [7] 너희가 피차 고발함으로 너희 가운데 이미 뚜렷한 허물이 있나니 차라리 불의를 당하는 것이 낫지 아니하며 차라리 속는 것이 낫지 아니하냐 [8] 너희는 불의를 행하고 속이는구나 그는 너희 형제로다 [9] 불의한 자가 하나님의 나라를 유업으로 받지 못할 줄을 알지 못하느냐 미혹을 받지 말라 음행하는 자나 우상 숭배하는 자나 간음하는 자나 탐색하는 자나 남색하는 자나 [10] 도적이나 탐욕을 부리는 자나 술 취하는 자나 모욕하는 자나 속여 빼앗는 자들은 하나님의 나라를 유업으로 받지 못하리라 [11] 너희 중에 이와 같은 자들이 있더니 주 예수 그리스도의 이름과 우리 하나님의 성령 안에서 씻음과 거룩함과 의롭다 하심을 받았느니라

7-8절: 바울은 성도들 간에 송사가 아예 없어야 한다고 주장한다. 성도들은 피차 고발함으로 그들 가운데 이미 '뚜렷한 허물'이 있다는 사실을 알아야 한다. 실로 성도들 사이의 고발 그 자체가 이미 허물이다. 성도들 간에는 설령 한쪽이 이겼다 하더라도 이긴 것이 아니라 진 것이다. 성도들 간의 싸움에는 승자도 없고 패자도 없다. 따라서 차라리 불의를 당하는 것이 낫고 차라리 속는 것이 낫다(참고. 마 5:38-48). 바울은 다시 여기서 교인을 '형제'라고 표현하면서, 교인들간의 송사는 곧 가족들(형제들)간의 분쟁이라는 점을 강조한다. 즉 자기 가족과의 싸움에서 이기는 것에 무슨 유익이 있겠느냐는 것이다.

9-10절: 이제 바울은 성도들간의 송사의 결과를 말한다. 성도들간에 송사를 하면 하나님의 나라를 유업으로 받지 못한다. 여기서 바울은 법정 송

사를 통해 작은 이익을 구하려다가 진정한 이익인 하나님의 나라를 받지 못하는 것을 경고한다. 이것은 가정에서 쫓겨나는 것을 비유한 은유적인 묘사이다. 아버지의 유업은 오직 자녀들만이 받을 수 있다. 형제와 싸우는 자는 가정에서 쫓겨나서 자녀의 권리를 상실하고 결국 아무런 유업을 받지 못할 것이다. 바울은 더 나아가서 죄의 목록을 제시한다. 여기에 나오는 죄의 목록은 고린도전서 5:11의 것과 유사하다(참고. 롬 1:29-31; 갈 5:19-21).

바울이 제시한 죄는 모두 10가지이다: 음행, 우상숭배, 간음, 탐색, 남색, 도적, 탐욕, 술 취함, 모욕, 속여 빼앗음. 이것들은 어떤 특정한 의도를 가지고 나열된 것이 아니라 무작위로 나열된 것이다. 바울은 고린도전서 5장에서도 음행에 대하여 말하다가 말미(10-11절)에 다른 죄들을 말하였다. 그러므로 바울이 고린도전서 5-6장에서 말하고자 하는 것은 단지 음행이나 송사의 문제만이 아니다. 바울은 모든 죄에 대해서 말하는 것이다. 바울은 다양한 죄악들을 제시함으로써 교인들이 비단 송사뿐만 아니라 모든 종류의 죄를 끊어야 한다는 사실을 말한다.

11절: 바울은 마지막으로 의미심장한 말을 남긴다. 바울은 그리스도인들이 삼위 하나님에 의해서 씻음과 거룩함과 의롭다 하심을 받았다고 말한다. 이 구절을 문자적으로 번역해 보면 '그러나'(알라)가 세 번 들어가서 '그러나(알라) 씻겼고, 그러나(알라) 거룩해졌고, 그러나(알라) 의롭게 되었다'가 된다. 바울은 일부러 '그러나'(알라)를 세 번이나 연거푸 넣어서 그리스도인들이 완전히 새롭게 된 사람들이라는 점을 강조한다. 실로 성도들은 깨끗하고 거룩하고 의로운 자들이다. 신자들의 공동체인 교회 역시 깨끗하고 거룩하고 의로운 공동체이다. 참으로 교회는 세상과 전혀 다른 종류의 공동체이다. 그것은 하나님의 신성한 가정이다. 그러므로 교회에 어떤 죄가 들어와서도 안 된다.

4. 본문의 교훈

본문은 다음과 같은 교훈을 준다.

1) 송사는 교회의 정체성을 깨뜨린다. 비단 송사뿐만 아니라 음행을 비롯한 모든 죄가 교회의 정체성을 파괴한다. 성도들간의 송사는 교회의 정체성에 전혀 어울리지 않는 행동이다. 교회는 하나님의 가정이다. 성도들이 서로 싸우는 것은 집안 식구끼리 싸우는 것이다. 그리고 그것은 결국 가정의 가장이신 아버지 하나님을 욕되게 하는 것이다.

2) 성도들간에 소송이 일어났다는 것은 결국 가족 관계가 깨어졌다는 뜻이다. 그러므로 성도들간의 송사에서는 아무도 이기는 자가 없다. 모두 지는 자이다. 자기 형제를 짓밟고 이긴 것을 어떻게 이긴 것이라 하겠는가? 그러므로 성도들간의 소송은 피차에게 아무런 유익이 되지 않는다. 사탄은 형제들을 싸우게 함으로써 결국 우리의 아버지 하나님의 이름을 망령되게 한다.

3) 가정이 깨어지지 않도록 최선을 다해야 하지만, 결국 가정이 깨어지면 어쩔 수 없이 세상의 법에 의존할 수밖에 없다. 그렇지만 교회의 문제를 외부에 가져가는 것은 교회의 영광을 무너뜨리는 일이며 나아가서 교회의 주인이신 하나님의 영광을 떨어뜨리는 일이다. 그렇게까지 되지 않도록 성도들은 평소 더욱 뜨겁게 사랑해야 한다.

말할 수 없는 영광스러운 즐거움

- 벧전 1:3-12 주해 -

베드로전서 1장 3-12절

1:3 우리 주 예수 그리스도의 아버지 하나님을 찬송하리로다 그의 많으신
긍휼대로 예수 그리스도를 죽은 자 가운데서 부활하게 하심으로 말미
암아 우리를 거듭나게 하사 산 소망이 있게 하시며

1:4 썩지 않고 더럽지 않고 쇠하지 아니하는 유업을 잇게 하시나니 곧 너희
를 위하여 하늘에 간직하신 것이라

1:5 너희는 말세에 나타내기로 예비하신 구원을 얻기 위하여 믿음으로 말
미암아 하나님의 능력으로 보호하심을 받았느니라

1:6 그러므로 너희가 이제 여러 가지 시험으로 말미암아 잠깐 근심하게 되
지 않을 수 없으나 오히려 크게 기뻐하는도다

1:7 너희 믿음의 확실함은 불로 연단하여도 없어질 금보다 더 귀하여 예수
그리스도께서 나타나실 때에 칭찬과 영광과 존귀를 얻게 할 것이니라

1:8 예수를 너희가 보지 못하였으나 사랑하는도다 이제도 보지 못하나 믿
고 말할 수 없는 영광스러운 즐거움으로 기뻐하니

1:9 믿음의 결국 곧 영혼의 구원을 받음이라

1:10 이 구원에 대하여는 너희에게 임할 은혜를 예언하던 선지자들이 연구
하고 부지런히 살펴서

1:11 자기 속에 계신 그리스도의 영이 그 받으실 고난과 후에 받으실 영광
을 미리 증언하여 누구를 또는 어떠한 때를 지시하시는지 상고하니라

1:12 이 섬긴 바가 자기를 위한 것이 아니요 너희를 위한 것임이 계시로 알
게 되었으니 이것은 하늘로부터 보내신 성령을 힘입어 복음을 전하는
자들로 이제 너희에게 알린 것이요 천사들도 살펴 보기를 원하는 것
이니라

이 글의 목적은 본문을 정확하게 주해한 후에 설교자들이 본문을 가지고 어떻게 설교 대지를 만들 수 있는 지를 모색하는 데 있다. 이를 위하여 본문의 위치와 구조를 파악하고(I), 본문을 상세히 주해한 후(II), 주해에 근거한 설교 대지를 제안할 것이다(III).

I. 본문의 위치와 구조

여기서는 정확한 본문 주해를 위한 사전 작업으로서, 본문이 베드로 전서에서 차지하는 신학적-문학적 위치(context)와 본문에 담겨있는 강화의 구조(outline)를 살펴보겠다.

1. 본문의 위치

베드로 전서는 크게 서두(1:1-2), 본론(1:3-5:11), 그리고 결어(5:12-14)로 구성되어 있다. 먼저, 서두(1:1-2)는 당시 그리스-로마 서신서의 전형적인 틀에 따라 발신자, 수신자, 인사말로 이루어져 있다. 다음으로, 본론(1:3-5:11)은 두 부분으로 나뉘는데, 앞부분(1:3-2:10)에는 그리스도인의 정체성(identity)이 거론되어 있고, 뒷부분(2:11-5:11)에는 그리스도인의 윤리(ethics)가 언급되어 있다. 마지막으로, 결어(5:12-14)는 인사말과 축복을 담고 있다.[1]

---

1) 베드로 전서의 macro-structure에 대하여 학자들간에 그리 큰 이견이 없다. 참고로, 신약 성경에 대해 사회수사학적 해석(Socio-Rhetorical Interpretation)을 시도하는 Ben Witherington III는 베드로 전서의 사회 수사학적 구조를 다음과 같이 제시한다. Epistolary Prescript(1:1-2); Exordium: Thanksgiving for So Great a Salvation(1:3-12); Propositio: You Are Holy and Have a Hope, So Live Accordingly(1:13-16); Argument 1: Living as Redeeming Resident Aliens(1:17-2:10); Argument 2: Submission to Authority Figures(2:11-3:12); Argument 3: Suffering and Self-Control(3:13-4:11); Argument 4: Sharing the Sufferings of Christ(4:12-19); Argument 5: Appeal to the Elders and the Youth(5:1-5); Peroratio: Humility and Self-Control in Suffering(5:6-9); Closing Doxology(5:10-11); Epistolary Postscript(5:12-14). Ben Witherington III, *Letters and Homilies for Hellenized Christians(vol II): A Socio-Rhetorical Commentary on 1-2 Peter* (Downers Grove: IVP, 2007), 49.

그리스도인의 정체성을 다루는 부분(1:3-2:10)은 다시 다음과 같이 나뉜다.[2) 그것은 1) 구원의 의미(1:3-12), 2) 구원받은 자들의 삶(1:13-21), 3) 구원받은 자들의 성장(1:22-2:3), 그리고 4) 구원의 교회 공동체적 성격(2:4-10)이다. 이러한 네 가지 서설은 그리스도인의 정체성에 대한 분명한 정의가 되며, 그리스도인의 윤리(2:11-5:11)에 관한 논의의 확고한 신학적 기초(theological foundation)가 된다.[3)

2. 본문의 구조

본문을 다음과 같이 세 부분으로 나눌 수 있다.

3-5절
6-9절
10-12절

첫 번째 문단인 3-5절은 하나님께서 우리에게 베푸신 구원의 의미에 대한 설명이다. 두 번째 문단인 6-9절은 우리가 구원받은 자들이기 때문에 시험 중에서도 즐거워할 수 있다는 사실을 말한다. 이때 6절 문두에 있는 엔 호($\dot{\epsilon}\nu~\dot{\dot{\phi}}$; 개역개정: 그러므로; NRSV: in this)는 앞 문단(3-5절)과 뒤 문단(6-9절)을 연결하는 역할을 한다. 세 번째 문단인 10-12절은 우리가 받은 구원이 오래 전부터 선지자들이 살피고 연구한 것인데 복음 증거자들을 통하여

---

2) 벧전 1:3-2:10의 micro-structure는 비교적 분명하기 때문에 학자들간에 별로 이견이 없다. 따라서 여기서 이에 대하여 상세히 논의하지 않겠다.

3) 그리스도인의 윤리를 다루는 2:11-5:11은 2:11-12(일반적인 권면); 2:13-17(정부에 대한 그리스도인의 태도); 2:18-25(주인에 대한 그리스도인의 태도); 3:1-7(배우자에 대한 그리스도인의 태도); 3:8-12(이웃에 대한 그리스도인의 태도); 3:13-4:19(고난에 대한 그리스도인의 태도); 5:1-6(장로들과 젊은 자들에게 주는 권면); 5:7-11(강건한 믿음에 대한 권면)로 나뉜다.

전해진 것이라고 언급한다. 이때 10절 문두에 있는 *페리 헤스 소테리아스*
(*περι ἧς σωτηρίας*; 개역개정: 이 구원에 대하여는; NRSV: concerning this salvation)는
이 문단에서 다루려고 하는 내용이 이미 앞에서(3-9절) 논의했던 구원에 관
한 것임을 가리켜준다. 따라서 본문을 위와 같이 세 문단으로 나누는 것은
적절하다고 할 수 있다. 그러나 이러한 세 개의 문단이 각기 단절되어 있지
않고 서로 밀접하게 연관되어서 하나의 일관성 있는 메시지를 창출한다.[4]

3. 정리

지금까지의 고찰 결과를 다음과 같이 정리할 수 있다.

1) 본문의 위치: 본문은 그리스도인의 정체성을 다루는 단원의 가장 앞
부분에 위치해 있다. 이는 그리스도인들의 삶과 성장과 교회 공동체적 속
성에 앞서서 구원의 가장 기본적인 의미를 제공해 줄 것이라는 기대를 가
지게 한다.
2) 본문의 구조: 본문은 세 부분으로 나뉘는데 첫 번째 부분과 두 번째
부분은 각각 구원의 의미와 구원의 결과(기쁨)를 말하고 세 번째 부분은 복
음이 어떻게 전달되었는가를 말한다. 그러므로 본문은 구원에서 선교로
발전한다.

II. 본문주해

이제 위에서 드러난 내용들을 염두에 두면서 본문을 상세히 주해하
겠다.

---

4) 본문의 구조에 관하여, A. B. du Toit, "The Significance of Discourse Analysis for New
Testament Interpretation and Translation: Introductory Remarks with Special Reference to 1 Peter 1:3-
13", *Neotestamentica* 8 (1974), 54-80를 참고하라.

1:3-5 구원의 의미

> 3 우리 주 예수 그리스도의 아버지 하나님을 찬송하리로다 그의 많으신 긍휼대로 예수 그리스도를 죽은 자 가운데서 부활하게 하심으로 말미암아 우리를 거듭나게 하사 산 소망이 있게 하시며 4 썩지 않고 더럽지 않고 쇠하지 아니하는 유업을 잇게 하시나니 곧 너희를 위하여 하늘에 간직하신 것이라 5 너희는 말세에 나타내기로 예비하신 구원을 얻기 위하여 믿음으로 말미암아 하나님의 능력으로 보호하심을 받았느니라

문단의 요지 : 이 문단에서 베드로는5) 구원의 의미를 설명한다. 그에 따르면, 구원이란 하나님의 주권적인 행위로서 예수님의 죽음과 부활을 통하여 이루어졌다. 그리고 우리는 그 구원을 통하여 엄청난 혜택을 누리게 되었다. 이 때문에 문단의 서두에서 이러한 놀라운 구원의 은혜를 베푸신 하나님을 찬송하는 것은 당연하다(3절a).6)

---

5) 베드로 전서의 저자는 전통적으로 예수님의 제자이며 사도인 시몬 베드로로 알려져 있다. 그러나 많은 현대 학자들은 본 서신이 매우 세련된 헬라어로 기록되었기 때문에 갈릴리 출신의 어부였던 베드로가 이 서신을 저술했다고 보는 것은 무리라고 주장한다. 하지만 행 4:13에 보면 베드로가 시 118:22(벧전 2:7에 동일한 본문이 나옴)을 인용하면서 설교하는 장면에서 사람들이 기이하게 여기는 가운데 베드로와 그의 동료인 요한이 교육을 받지 못한 평범한 사람이었음을 언급한다. 따라서 베드로가 세련된 헬라어로 본 서신을 기록한 것을 이상하게 여길 필요가 없다. 오히려 그가 성령으로 충만하여 이 서신을 우아한 필체로 기록했다고 생각할 수 있다. 이에 따라 히에라폴리스의 파피아스, 이레니우스, 터툴리안, 알렉산드리아의 클레멘트, 오리겐을 비롯한 대부분의 고대 교부들은 본 서신의 저자를 베드로라고 주장한다. 특히 히에라폴리스의 파피아스는 본 서신이 베드로가 아들이라고 부르는 마가의 안부를 전하기 위하여 Babylon(파피아스가 로마로 인식하고 있는)에서 기록된 베드로의 서신이라고 주장한다(5:13; see Eusebius, *Hist. Eccl.* 2.15.2.). 하지만 오리겐은 베드로 전서의 베드로 저작설을 받아들였으나 베드로 후서의 베드로 저작설에 대해서는 확신하지 못했다. 참고로, 현대 학자들 중에서 본 서신의 베드로 저작설을 인정하는 학자들과 부인하는 학자들의 이름은 다음과 같다. 베드로 저작설을 인정하는 학자들: E. P. Clowney, C. E. B. Cranfield, A. M. Stibbs 등. 베드로 저작설을 부인하는 학자들: F. W. Beare, E. Best, L. Goppelt 등.

6) 서신서 서두에서 하나님께 감사하는 것은(이방인들의 경우에는 자신들의 신들에게 감사함) 당시 그리스-로마 서신서의 전형적인 형태이다.

① 베드로는 하나님께서 그분의 큰 긍휼하심(great mercy)으로 우리를 거듭나게 하셨다고 말한다(3절). 신약성경에서 긍휼은 자격이 없는 자들(이방인들, 죄인들, 외인들)에게 베푸시는 하나님의 특별한 구원의 호의를 반영한다(롬 11:30-32, 15:9; 엡 2:1-7; 딛 3:5).[7] 따라서 이 말은 하나님께서 언약에 근거하여 아무런 공로와 자격을 갖추지 못한 자들을 구원해 주셨다는 뜻이다(참고. 출 20:6; 34:7).

베드로는 여기서 구원에 대하여 "거듭나게 하사"(ἀναγεννήσας: begotten anew, active aorist participle)라는 단어를 사용하는데 이것은 하나님의 행동의 주체성을 드러낸다(참고. 1:23).[8] 즉 우리가 스스로 다시 태어난 것이 아니라 하나님께서 주권적으로 우리를 다시 태어나게 하셨다는 것이다. 따라서 인간에게는 구원받을 만한 아무런 조건이 없다. 구원에 있어서 인간의 공로는 철저히 배재된다.

우리가 거듭났기 때문에 우리에게는 이제 산 소망(ἐλπίδα ζῶσαν: a living hope)이 있게 되었다. 이러한 구원에서 소망으로 발전되는 모티브는 본 서신의 수신자들의 정황을 고려할 때 매우 적절하다.[9] 그들 앞에는 절망 밖에 없었으나 구원으로 말미암아 소망, 특히 살아있는 소망이 생기게 된 것이다.

그런데 베드로는 우리가 거듭날 수 있었던 것이 우리 자신의 의로운 행위를 통해서가 아니라 예수님의 죽음과 부활을 통해서("through the resurrection of Jesus Christ from the dead")라고 말한다. 하나님께서는 독생자 예수님을 죽은 자 가운데서 살리심으로 우리를 거듭나게 하셨다. 따라

---

7) Alan M. Stibbs & Andrew F. Walls, *The First Epistle General of Peter* (Grand Rapids: W. B. Eerdmans Publishing Company, 1987), 75.

8) 헬라어 ἀναγεννήσας는 신약성경에서 오직 이곳과 벧전 1:23에만 나온다. 이 단어의 용례를 위하여 Büchsel, "γεννάω", *TDNT*, I, 673-675를 보라.

9) 베드로 전서의 수신자들의 정황에 대하여는 6-9절 주해에서 다룬다.

서 구원은 그냥 이루어진 것이 아니라 엄청난 대가를 치르고서야 가능해진 것이다. 하나님은 우리로 하여금 예수님과 함께 죽고 예수님과 함께 부활하여 예수님과 함께 하늘에 앉게 하셨다(참고. 엡 2:1-6). 그리하여 살아나신 예수님으로 말미암아 우리에게 살아있는 소망이 생기게 된 것이다.

② 이제 구원의 결과로 얻은 산 소망은 유업(κληρονομίαν, inheritance)으로 연결된다(4절). 유업은 아브라함에게 약속하신 땅과 관련된다(창 12:7; 참고. 창 50:24; 신 34:4; 수 1:2, 6; 렘 7:1-7). 그것은 궁극적으로 하나님의 나라를 지칭한다(마 10:17; 고전 6:9; 엡 5:5; 골 3:24; 벧전 3:9).[10] 하나님이 우리를 거듭나게 하심으로 우리는 하나님의 유업을 이을 수 있게 되었다. 우리가 하나님의 유업을 얻게 되었다는 것은 곧 우리가 하나님의 아들(아브라함의 후손)이 되었다는 뜻이다. 왜냐하면 아버지의 유업을 얻을 자는 아들이기 때문이다(참고. 롬 8:17; 갈 4:7).

여기서 베드로는 하나님의 유업에 대하여 세 가지 부사(negative compound)를 사용하여 서술한다. 하나님의 유업은 썩지 않고(ἄφθαρτον, imperishable, Wis 12:1; 롬 1:23; 고전 9:25, 15:52; 딤전 1:17), 더럽지 않고(ἀμίαντον, undefiled, Wis 3:12; 2 Macc 14:36; 15:34; 히 7:26, 13:4), 쇠하지 아니한다(ἀμάραντον, unfading, Wis 6:12; 벧전 5:4). 이 세 가지 부사는 이 유업이 세상에 속한 것이 아니며 세상에 있는 것보다 훨씬 값어치 있다는 사실을 강조하는 역할을 한다.

이 유업은 우리를 위하여 하늘에 간직되어 있다. 그러므로 이 유업은 안전하게 보관되어 있어서 아무도 훔쳐가지 못한다(참고. 마 6:20). 비록 우리가 지금 땅에서 집 없는 나그네처럼 살고 있지만, 장차 하늘에서는 아름다

---

10) Peter H. Davids, *The First Epistle of Peter*, The New International Commentary on the New Testament (Grand Rapids: W. B. Eerdmans Publishing Company, 1990), 52.

운 집에서 영생복락을 누리며 살게 될 것이다.[11] 그런데 우리의 궁극적인
유업은 여호와 하나님이시다. 하나님이 우리의 산업과 잔의 소득이시다(시
16:5).[12]

③ 베드로는 우리에게 하나님의 유업이 주어질 뿐만 아니라 또한 우리
가 하나님의 능력으로 보호하심을 받았다고 말한다(5절). 여기서 하나님의
능력으로 보호하심($\phi\rho o \upsilon\rho o \upsilon\mu\acute{\epsilon}\nu o\upsilon\varsigma$)을 받는다는 문구는 군사적 용어이다.
성경은 종종 군사 은유(military metaphor)를 사용하여 하나님이 우리를 지키
시는 분이심을 강조한다(참고. 고후 11:32; 빌 4:7).

특히 여기서의 동사가 현재분사 형태인데 이는 우리가 '지금 여기서'
하나님의 보호를 받고 있음을 뜻한다. 이러한 구원의 현재성은 4절에서 하
나님이 하늘의 유업을 지키신다는 구원의 미래성 사상과 조화를 이룬다.
즉 구원은 미래성과 현재성을 함께 가지는 것이다.

하나님의 보호하심을 받는 방편은 믿음이다. 그런데 베드로 전서에서
의 믿음이란 단순한 신뢰가 아니라 전적인 의탁 혹은 적극적인 순종이다

---

11) 2:11에서 베드로는 편지의 수신자들을 향하여 "사랑하는 자들아"($A\gamma a\pi\eta\tau o\acute{\iota}$)라고
부른다. 이러한 호칭은 신약성경에서 자주 발견되는 그리스도인들에 대한 호칭이다(예.
롬 12:19; 고전 10:14; 고후 7:1; 약 1:16, 19; 2:5). 초기 기독교인들은 가족 공동체라는 정체
를 가지고 있었다. 그리하여 서로를 "사랑하는 자들", "형제들", "자매들"이라고 불렀다.
이러한 호칭은 형식적인 것이 아니었다. 그것은 그들 공동체의 정체성이 무엇인지에 대
한 분명한 인식에서 출발되었다(1:22). 베드로는 또한 수신자들을 향하여 "거류민과 나
그네 같은 자들"(strangers and sojourners)이라고 부른다. 엄밀히 말하자면, 거류민들은 정
착한 외국인들(settled foreigners)을 가리키고, 나그네들은 방문 중인 외국인들(visiting
foreigners)을 가리킨다. 그러나 베드로가 이 두 용어를 그리 명확하게 구분하려는 의도를
가지고 있었던 것으로 보이지는 않는다. 그냥 이방 땅에 거주하는 외국인들을 통칭하여
이 용어들을 사용한 것으로 보인다. "사랑하는 자들"이라는 호칭이 은유적이듯이 이 호
칭 역시 은유적으로 이해해야 한다. 베드로는 이 용어를 사용하면서, 그리스도인들이란
이 세상에서 살고 있으나 이 세상에 속한 자들이 아님을 드러내고자 하였다(1:1; 히
11:13). 그는 그들이 세상 문화에서 벗어나서 거룩한 문화를 가졌고 그로 인하여 세상 사
람들로부터 구분되는 삶을 살기를 바랐다.

12) Alan M. Stibbs & Andrew F. Walls, 75-76.

(1:14, 22; 2:8; 3:20; 4:17). 따라서 이 구절은 우리가 하나님을 철저히 의지하고 하나님께 순종하는 가운데 하나님의 보호를 경험할 수 있다는 뜻이다. 하나님이 우리를 보호하시는 목적은 우리로 하여금 말세에 나타내기로 예비하신 구원을 얻게 하기 위함이다.

말세에 나타내기로 예비하신 구원이란 최종적인 구원이며 완결된 구원을 뜻한다. 말세에 악인은 심판을 받지만 의인은 구원을 받을 것이다. 그러므로 하나님이 우리를 지키신다는 것은 결코 감옥의 간수가 형벌 판결을 기다리는 죄인을 감시하듯이 지키는 것을 뜻하는 것이 아니라, 마치 군인들이 사람들을 위험한 지역에서 안전한 지역으로 이동할 때 보호하는 것처럼 지키는 것을 의미한다.[13]

1:6-9 구원받은 자들의 기쁨

> [6] 그러므로 너희가 이제 여러 가지 시험으로 말미암아 잠깐 근심하게 되지 않을 수 없으나 오히려 크게 기뻐하는도다 [7] 너희 믿음의 확실함은 불로 연단하여도 없어질 금보다 더 귀하여 예수 그리스도께서 나타나실 때에 칭찬과 영광과 존귀를 얻게 할 것이니라 [8] 예수를 너희가 보지 못하였으나 사랑하는도다 이제도 보지 못하나 믿고 말할 수 없는 영광스러운 즐거움으로 기뻐하니 [9] 믿음의 결국 곧 영혼의 구원을 받음이라

문단의 요지 : 베드로는 이제 구원의 은총을 입은 자들이 기뻐한다고 말한다.[14] 여기서 "기뻐하다"(ἀγαλλιᾶσθε: rejoice)라는 단어는 명령법(imperative)이 아니라 직설법(indicative)이다.[15] 그렇다면 그리스도인들이 기뻐하는 것

---

13) Peter H. Davids, 54.

14) 문장의 서두에 있는 '그러므로'(ἐν ᾧ)는 미래의 구원을 내다보는 것과 연관된다.

15) 비록 이 단어가 second person plural present로서 indicative와 imperative 둘 다 가능하지만, 대부분의 주석가들은 이것을 indicative로 본다. 왜냐하면 아직 베드로가 그리스도인들에 대한 권면을 하지 않고 있기 때문이다. 그리스도인들에 대한 권면은 2:11 이후에 나온다. Donald P. Senior, 32.

은 자연스런 것이며 당연한 것이 된다. 베드로는 특히 그리스도인들이
고난 중에서도 기뻐한다는 것을 말한다. 그리고 이를 입증하기 위하여
시험의 유익에 대하여 설명한다.

① 그리스도인들은 기뻐한다(6절). 그리스도인의 기쁨은 그리스도가 오
셨다는 사실(눅 10:21; 요 8:56; 행 2:26)과, 하나님께서 그의 구원하시는 은혜를
그들에게 나타내셨다는 사실(행 16:24)과, 그들이 마지막 날에 하나님의 영
광과 구원의 완성된 즐거움에 참여할 것이라는 사실(유 24; 계 19:7)에 관한
지식에 근거한다.[16]

특히 베드로는 그리스도인들이 "여러 가지 시험 중에도" 기뻐한다고 말
한다. 여기서 "시험"($\pi\epsilon\iota\rho\alpha\sigma\mu\hat{o}\iota\varsigma$)은 서신의 수신자들이 처한 상황을 고려
하여 이해해야 한다(참고. 4:12).[17] 베드로는 AD 60년대 중반에 이 서신을
기록한 것으로 보인다.[18] AD 60년대 중반은 아직 기독교인들에 대한 로마
정부의 조직적인 박해가 이루어진 시기가 아니었다. 하지만 그들은 기독
교인들을 적대시하는 사람들로부터, 즉 믿지 않는 자들로부터 박해를 받
았다.

---

16) Peter H. Davids, 55.

17) 본 서신의 수신자는, 벧전 1:1-2과 벧전 전체의 내용을 고려할 때, 소아시아의 북부와
서부 지역에 흩어져 살고 있는 그리스도인들이다(본도, 갈라디아, 갑바도기아, 아시아와
비두니아). 이들은 주로 유대인들로 보인다. 왜냐하면 베드로가 본 서신에서 유대인들에
게 익숙한 구약성경을 많이 인용하고 있기 때문이다. 그리고 수신자들에 대한 묘사 중에
서 "흩어진 나그네들"(디아스포라)이라는 언급은 대개 유대인들에게 적용되기 때문이
다. 하지만 그들이 이방 땅에서 살고 있기 때문에 수신자들 중에 이방인들이 다소 섞여
있었을 가능성이 있다.

18) 베드로는 말년을 로마에서 보낸 것으로 알려져 있다. 비록 베드로 행전(*Acts of Peter*,
38-39)에는 그가 로마에서 거꾸로 십자가에 달려 죽었다고 기록되어 있고, 유세비우스
(*Hist. Eccl.* 2.25.5.)는 그가 단순히 십자가에 처형되었다고 말하지만, 그가 실제로 순교했
는지 하지 않았는지 확실하지 않다. 다만 그가 로마에서 말년을 보낸 것은 사실로 보인
다. 만일 그러한 가정을 받아들인다면 베드로 전서는 주후 60년대 중반에 로마에서 기록
되었을 것이다.

따라서 본 서신의 수신자들이 받은 박해는 '칼'을 통한 것이 아니라 주로 '말'을 통한 것이었다(2:12; 3:13-17; 4:14-16). 그들은 단지 기독교인이라는 이유 때문에 사회적인 따돌림, 비방, 매 맞음 등의 고난을 겪었다. 그래서 그들은 자신들이 당하는 고난("애매한 고난")으로 인해 갈등했다.

베드로는 그들이 악이 지배하는 이 세상에 살고 있기 때문에 '잠깐'(for a little while) 근심하게 되지 않을 수는 없다고 말한다.[19] 하지만 그럼에도 불구하고 그리스도인들이 받은 은혜는 세상이 주는 어려움들과 비교할 수 없는 것이기 때문에 그들의 기쁨을 빼앗아갈 수 없다고 말한다.

② 베드로는 이어서 시험의 목적을 서술한다(7절: ἵνα; NIV: these have come so that......). 이러한 서술은 시험에 대한 그리스도인들의 자세 변화를 위한 것이다. 즉 시험을 부정적으로 여기지 않고 긍정적으로 여기게 하기 위함이다.

여기서 베드로는 이해를 돕기 위하여 믿음을 금에 대조한다. 불로 금의 불순물을 제거하면 순수한 금(purging [δοκίμαιον of gold)이 된다. 하지만 그러한 순수한 금이라도 결국 없어지고 만다. 시험은 믿음의 불순물을 제거하여 순수한 믿음(genuineness [δοκιμαζομένου of faith)이 되게 한다. 그리고 이러한 순수한 믿음은 없어질 금보다 훨씬 더 귀하다.

그리스도인들은 자신들의 믿음에 불순물이 많이 들어 있음을 알아야 한다. 그런데 시험은 그리스도인들의 믿음에 들어있는 불순물들을 제거해 준다. 그리하여 그리스도인들의 믿음을 강하게 하고 순수하게 한다(참고. 시 66:10; 사 48:10). 따라서 믿음의 성장이라는 측면에서 볼 때 시험은 유익하다. 그것은 결국 우리로 하여금 예수 그리스도께서 나타나실 때에 칭찬과 영광과 존귀를 얻게 할 것이다.

---

19) 여기서 베드로가 말하는 "잠깐"이란 내세에서의 영원한 삶과 비교된다(고후 4:17). Alan M. Stibbs & Andrew F. Walls, 77.

칭찬(praise)과 영광(glory)과 존귀(honor)란 삼위 하나님 혹은 하나님의 능력을 받은 사람에게 돌려지는 것이다(참고. 롬 2:29; 8:17; 고전 4:5; 골 3:4). 따라서 시험을 참고 순수한 신앙을 가지게 된 사람들은 장차(그리고 지금) 놀라운 보상을 받을 것이다.

③ 그러나 본 서신의 수신자들은 예수님을 보지 못하였다(8절).[20] 사실 예수님을 보지 못하고 믿는 것은 쉬운 일이 아니다. 그것은 끊임없는 의심을 야기한다. 하지만 수신자들은 베드로의 말씀 사역을 통해 예수님을 본 것과 같은 경험을 가지게 된다.

하나님의 말씀은 예수님의 현존(presence)을 가능하게 한다. 부활하셔서 승천하신 예수님은 세상에 계시지 않으나 말씀으로 세상에 여전히 존재하신다. 우리는 말씀을 통하여 예수님을 경험할 수 있다. 따라서 하나님의 말씀을 들은 자들은 예수님을 본 것과 같은 경험을 가지기 때문에 결국 예수님을 알고 그분을 사랑하게 된다.

우리는 지금도 여전히 예수님의 몸을 보지 못한다. 그러나 말씀이라는 매개체를 통하여 예수님을 볼 수 있다. 그런데 여기서 꼭 필요한 것이 믿음이다. 즉 말씀이라는 매개체를 받아들이는 것은 이성이 아니라 믿음인 것이다. 말씀을 통하여 예수님의 현존을 경험한 사람들은 말할 수 없는 영광스러운 즐거움으로 기뻐한다.

따라서 그리스도인들은 자신들이 얻은 구원의 은혜를 인하여 기뻐할 뿐만 아니라 또한 예수 그리스도의 현존을 인하여 기뻐한다. 즉 그리스도인들의 기쁨의 가장 근본적인 이유는 주어지는 유업이나 칭찬과 같은 외형적 보상 때문이 아니라 바로 '그리스도' 자체인 것이다.

---

20) 예수님을 직접 보지는 못했지만 승천하신 예수님을 믿는 것에 관한 주제는 신약성경에서 반복적으로 발견된다(막 15:32; 요 4:48; 6:30; 20:24-29; 고전 2:9; 고후 4:18, 5:7; 5:7; 히 11:1, 3, 27). Donald P. Senior, 33.

④ 그리스도인들이 그리스도를 사랑하고 섬길 때, 그들은 믿음의 결국
($\tau\epsilon\lambda o\varsigma$: goal) 곧 영혼의 구원을 받을 것이다(9절; 참고. 롬 6:21-22; 딤전 1:5). 여기
서 영혼($\psi\upsilon\chi\eta$)이라는 용어는 육체와 대조되는 개념이 아니다.

베드로 전서에서 영혼은 전인격적인 존재로서의 인간(whole person as a
living being)을 의미한다(1:22; 2:11, 25; 3:20; 4:19; 참고. 창 2:7; 마 16:25; 롬 13:1; 히
10:39).[21] 따라서 영혼의 구원이란 포괄적인 개념으로서 인간의 온전한 구
원을 지칭한다.

사람은 믿음을 통하여 구원을 얻게 되는데, 구원은 세 가지의 시제(혹은
측면)를 가진다. 첫째, 현재시제로서 나는 '이미' 구원을 받았다는 것이다
(칭의). 둘째, 진행형으로서 나는 '지금' 구원을 받고 있다는 것이다(성화).
그리고 셋째, 미래시제로서 나는 '결국' 구원을 받을 운명이라는 것이다
(영화). 이러한 구원의 세 가지 시제(혹은 측면)는 총체적 구원이라는 개념을
풍성히 드러낸다.

시험을 이길 수 있는 힘은 구원에 대한 풍부한 깨달음에서 온다. 비록
환경이 변하지 않고 시험이 여전히 우리 가운데 존재한다 하더라도 그것
을 그리스도인들이 받은 은혜의 놀라운 정도와 비견해 보면 기뻐할 수밖
에 없는 것이다.

1:10-12 구원과 선교

> [10] 이 구원에 대하여는 너희에게 임할 은혜를 예언하던 선지자들이 연구하
> 고 부지런히 살펴서 [11] 자기 속에 계신 그리스도의 영이 그 받으실 고난과
> 후에 받으실 영광을 미리 증언하여 누구를 또는 어떠한 때를 지시하시는지
> 상고하니라 [12] 이 섬긴 바가 자기를 위한 것이 아니요 너희를 위한 것임이
> 계시로 알게 되었으니 이것은 하늘로부터 보내신 성령을 힘입어 복음을 전

---

21) E. Schweizer, "$\psi\upsilon\chi\eta$", *TDNT*, IX, 637-656을 보라.

하는 자들로 이제 너희에게 알린 것이요 천사들도 살펴 보기를 원하는 것
이니라

문단의 요지 : 베드로는 이제 그리스도인들이 받은 이 구원에 대한 추가 사항을
말한다. 앞에서는 구원의 의미와 구원받은 자의 기쁨에 대해서 말하지
만, 이 문단에서는 그리스도인들이 받은 구원의 유래에 대해서 설명한
다. 즉 그리스도인들이 받은 구원이란 오랜 세월 동안 사람들을 통해서
전해져 온 것이라는 점을 강조한다. 따라서 이 문단의 초점은 앞의 문단
들의 그것과 조금 다르다. 베드로의 강화는 구원에 관한 논의에서 선교
적 사명에 관한 논의로 발전된다.

① 베드로는 구원이 과거에 선지자들이 연구하고 살핀 것이라고 말한다
(10절). 여기에 나오는 선지자들에 대하여 일부 학자들은 "그리스도의 영이
증언한다"는 문구에 근거하여 이들을 신약의 선지자들이라고 주장하지
만,22) 대다수의 학자들은 바울의 경우와 마찬가지로(고전 10:4), 베드로가
구약에서 그리스도의 영이 선지자들에게 임하여 증언하신 것에 대하여 전
혀 의심하지 않았기 때문에 이들을 구약의 선지자들로 보는 것은 전혀 무
리가 아니라고 생각한다.23)

여기서 베드로가 사용한 "연구하고"(ἐξεζήτησαν. searched)와 "살펴서"
(ἐξηραύνησαν. investigated)라는 단어는 같은 의미를 가진다. 베드로는 강조
를 위하여 두 단어를 같이 사용한 것이다.

선지자들은 구약성경을 기록한 자들이다. 구약성경에는 구원에 대한
하나님의 계시가 기록되어 있다. 하나님께서는 이미 오래 전에 선지자들
을 통하여 당신의 구원 계획을 미리 알리셨다. 그리고 이제 때가 이르러

---

22) 예를 들어, E. G. Selwyn, *The First Epistle of St. Peter*, 2nd ed (London: Macmillan, 1947; rpt.
ed. Grand Rapids: Baker, 1981), 134; J. D. G. Dunn, *Christology in the Making* (Philadelphia:
Westminster Press, 1980), 136-149, 159-160.

23) Peter H. Davids, 61.

하나님의 구원 계획이 성취되었다.

특히 베드로는 때의 성취에 대하여, "너희에게 임할 은혜"(NRSV: the grace that was to be yours)라고 표현하였다. 이는 그리스도인들이 하나님의 특별한 호의를 받고 있음을 강조하는 것이다. 결국 구원이란 갑자기 일어난 우발적인 사건이 아니다. 그것은 실로 오랜 역사적 배경을 가진다. 그렇다면 하나님의 구원이란 얼마나 놀라운 것인가. 그것은 하나님의 치밀하고 세심한 계획과 과정 속에서 이루어진 것이다.

② 선지자들은 그들 속에 계시는 그리스도의 영(성령)[24]을 통하여 모든 것을 알게 되었다(11절; 참고. 삼상 10:6; 요 15:26; 벧후 1:19-21). 선지자들은 그리스도의 영의 증언을 통하여 그분이 누구이며, 그 때가 언제인지를 상고하였다.[25] 구체적으로, 그리스도의 영은 그리스도께서 받으실 고난과 영광의 시기를 미리 증언하셨다.

그리스도의 고난은 베드로를 비롯한 모든 신약성경 저자들의 주된 이슈였다(4:13; 5:1, 9). 왜냐하면 그리스도께서는 인류가 풀어야 할 엄청난 숙제(사망의 문제)를 해결해 주셨기 때문이다.[26]

그리스도의 고난 후에 따라 올 그리스도의 영광은 그리스도의 부활과 승천[승귀]을 의미한다. 그리스도께서는 하나님의 뜻에 따라 인류의 죄를 위하여 죽으심으로 하나님을 영화롭게 하셨다. 그러나 하나님은 곧 그분

---

24) 여기서 그리스도의 선재성(pre-existence of Christ)이 드러난다.

25) 헬라어 τίνα ἤ τοῖον καιρόν에 대하여 NIV는 "time and circumstances"라고 번역하고, NRSV는 "the person or time"이라고 번역하고, 한글개역개정판은 이 문구를 "누구를 또는 어떠한 때를"이라고 번역한다. 여기서 헬라어 τίνα는 사람(person)이라고 볼 수도 있고 사물(time)이라고 볼 수도 있다. 그런데 문맥에서는 시기를 의미하여 "what and what kind of time"이라고 보기보다는, 한글개역개정판처럼 사람을 의미하여 "the person or time"이라고 보는 것이 적합하다.

26) "그리스도의 고난"이 복수 형태로(παθήματα: sufferings) 기록되어 있는 것은 아마도 그리스도께서 겪으신 모든 고난들(혹은 다양한 측면들)을 반영하려는 의도인 것으로 보인다(고후 1:5; 히 2:9).

을 다시 살리심으로써 그분을 영화롭게 하셨다. 그리하여 아버지와 아들의 상호영화(mutual glorification)가 이루어지게 되었다.

그런데 이러한 고난과 영광 모티브는 서신의 수신자들이 겪고 있는 상황과 연관되어 더욱 절실하게 다가온다. 베드로는 그의 독자들이 비록 지금 고난을 당하고 있으나 언젠가 영광을 얻을 것임을 드러내기 위하여 이러한 모티브를 사용하는 것이다. 그리스도께서 죽으셨으나 다시 살아나심으로써 영광을 얻으셨듯이 그들도 지금 고난을 당하지만 다시 영광을 얻을 것이다.[27]

③ 그런데 선지자들은 자신들의 시대를 위하여 예언하지 않았고 신약 시대의 성도들을 위하여 예언하였다(12절). 여기서 베드로는 선지자들의 행위를 "섬김"($\delta\iota\alpha\kappa\omega\acute{\epsilon}\omega$)이라는 단어로 표현한다.[28] 이는 말씀 사역자들로 하여금 중요한 메시지를 던진다. 즉 말씀을 전하는 것은 높은 사람이 낮은 사람에게 훈시하는 것이 아니라는 사실이다. 오히려 말씀을 전하는 것은 하나님으로부터 임명을 받은 자(messenger)가 하나님의 백성들을 섬기는 종의 행위인 것이다.

베드로는 또한 그들의 섬김이 "자기를 위함이 아니요 너희[신약 시대의 그리스도인들]를 위한 것"이라고 말하는 데, 이는 신약 시대의 그리스도인들이 얼마나 행복한 자들인지를 보여준다(참고. 행 2:25-26; 고전 9:9-10). 선지자들이 살핀 것은 이제 계시를 통하여 우리에게 알려졌다($o\tilde{\iota}\varsigma$ $\alpha\pi\epsilon\kappa\alpha\lambda\acute{\upsilon}\phi\theta\eta$: revealed). 이때 하나님은 성령을 통하여 복음 전도자들을 보내셔서 복음을 전하게 하셨다.

---

27) Peter H. Davids는 이를 다음과 같이 표현한다(64). "Neither Christ nor his people receive the crown of glory without the crown of thorns."

28) 이 단어는 미완료 시제인데($\delta\iota\alpha\kappa\omega\acute{\epsilon}\omega$), 이는 그들의 섬김이 끝나지 않고 종말의 때까지 오랜 세월 동안 지속되는 것이기 때문이다.

　그러므로 구약에서 주어진 선지자들의 예언은 복음 전도자들의 바른 해석을 통하여 백성들에게 전해진 것이다. 그리고 이때 성령께서 개입하셨는데, 왜냐하면 모든 성경은 하나님의 감동으로 기록된 것이기 때문이다 (딤후 3:16). 따라서 베드로의 구원에 관한 논의는 결국 선교적 사명으로 귀결된다. 그리고 이러한 선교적 사명은 2:11 이하의 윤리적 지침에 관한 항목을 통하여 충분히 설명된다.[29]

　마지막으로 베드로는 그들이 전한 복음의 가치를 강조하기 위하여 "천사들도 살펴보기를 원하는 것"이라는 표현을 사용한다. 물론 베드로의 요점은 천사들을 숭배하는 사상과 전혀 관계가 없다. 그것은 마치 복음서에서 '아들'(성자)도 그 날(종말의 날)이 언제인지 모른다는 표현과 마찬가지로 (참고. 막 13:32) 천사들에게도 알려지지 않은 엄청난 특혜를 인간이 누리게 되었음을 의미한다.[30]

---

29) 2:11-12은 그리스도인 윤리의 세부적인 지침에 앞선 일반적인 원리를 담고 있다. 즉 2:11-12은 윤리의 근본적인 원리이고, 이어지는 구절들은 이러한 근본적인 원리가 어떻게 구체적으로 적용되어야 하는지를 다룬다. 여기서 베드로는 그리스도인들에게 영혼을 거슬러 싸우는 육체의 정욕을 제어하라고 말한다. 영혼과 육체의 싸움은 반대되는 삶의 모습, 즉 거룩한 삶과 세속적인 삶의 대립을 의미한다. 그리스도인들은 세상의 타락한 풍습(인간의 본성)을 좇아서는 안 된다. 그들은 하늘의 법(새로운 규범)을 좇아서 살아야 한다. 그리고 베드로는 그리스도인들이 이방인 중에서 행실을 선하게 가질 것을 요청한다. 여기서의 이방인은 비 유대인이 아니라 비 그리스도인이다. 선한 행실이란 이방인들과는 구분되는 그리스도인들의 거룩하고 순결한 삶을 일컫는다. 우리는 특히 우리를 악행 한다고 비방하는 자들에게서 선을 베풀어야 한다. 이방인들이 우리를 비방하고 멸시하는 이유는 그리스도인들이 그들의 타락한 문화, 종교행위, 사회적 행동 등에 참여하지 않기 때문이다. 따라서 그들은 오히려 그리스도인들을 향해서 악한 행실을 한다고 비난하는 것이다. 베드로는 이 구절에서 종말론적인 언급으로서 그리스도인의 선교적 사명에 대한 권면도 포함한다. 여기에 나오는 "오시는 날"($\acute{\epsilon}\nu$ $\acute{\eta}\mu\acute{\epsilon}\rho\alpha$ $\acute{\epsilon}\pi\iota\sigma\kappa\sigma\pi\tilde{\eta}\varsigma$, 눅 19:44)은 마지막 날이며 심판의 날이다. 따라서 그리스도인들은 비그리스도인들을 돌아서게 만들되 특히 착한 행실로써 감동을 끼쳐 그들이 돌아오게 해야 한다(참고. 마 5:16).

30) Peter H. Davids, 64-65.

성구색인

- 구 약 -

- 신 약 -